MEMOIRES

DE MESSIRE

ROBERT ARNAULD

D'ANDILLY.

Ecrits par lui-même.

PREMIERE PARTIE.

AVIS.

LES Mémoires des Grands Hommes ſont toûjours reçus favorablement, parce qu'on aime à les connoître eux-mêmes, & que l'on trouve dans l'Hiſtoire de leur vie de quoi s'inſtruire & augmenter ſes connoiſſances. Ceux que nous donnons au Public, ſont certainement de ce genre. Soit que l'on conſidere Monſieur Arnauld d'Andilly comme homme d'Etat, ſoit qu'on l'enviſage comme Citoyen, on voit par tout un eſprit noble, un cœur grand, des inclinations généreuſes, un génie élevé, une prudence conſommée. Dans ſa jeuneſſe même il a paru digne des plus grands emplois; & il en a ſoutenu de très-importans avec cette capacité & cette pénétration, que l'on n'attend ordinairement que de l'âge & de l'expérience. Il a vêcu dans des tems difficiles, avec une grande ſécurité, parce qu'il n'a jamais rien fait que pour le bien Public; & que les interêts de l'Etat lui ont toûjours été plus chers que les ſiens propres. Il a réuni dans ſa perſonne tout ce que le le monde admire, & il a toûjours mépriſé le monde. Dieu s'eſt d'abord rendu maître de ſon cœur. Il a été innocent au milieu de la Cour, incorruptible dans les plus grandes occasions de s'enrichir, inébranlable parmi les attraits & les sollicitations du siécle.

Si l'on suit M. d'Andilly dans la retraite de Port-Royal, on y verra un homme que les honneurs n'ont point quitté, mais qui s'est arraché lui-même aux honneurs dès l'âge de 55. ans, afin de ne plus vivre que pour l'éternité. Mais sa retraite même a été laborieuse; il y a aimé le travail, comme on aime dans le monde le divertissement, & il y a consacré le sien par les excellentes traductions des Vies & des Ouvrages des Saints, qu'il a donnés à l'Eglise, en se nourrissant lui-même des vérités qu'il annonçoit aux autres dans ses écrits. A l'âge de 80. ans, il a joint à la force de son esprit, qui a toûjours été le même, une simplicité d'enfant, une humilité & une modestie qui mériteroient nos plus grands éloges, si ses actions ne faisoient le sien plus efficacement & avec plus de fidélité. Il seroit à souhaiter qu'on en trouvât un détail complet dans ces Mémoires, qui ont été un des fruits de sa retraite & qu'il composa pour l'instruction de sa famille. Mais combien d'actions son humilité nous y a-t-elle cachées? Excepté celles dont la plûpart n'étoient point alors ignorées. Il s'est tû sur presque tout ce qui pouvoit fixer l'attention sur lui, nous dévoiler son intérieur, nous découvrir les biens secrets dont il a comblé une infinité de personnes;

ſonnes; mettre au jour les prodigieux effets de ſa charité & de ſa liberalité.

Ces Mémoires finiſſent en 1656. Mais ils n'ont été écrits qu'en 1667. M. d'Andilly les commença à Port-Royal, & les acheva à Pomponne. Il eſt mort le 27. Septembre 1674. âgé de 85. ans.

Si ces Mémoires euſſent été imprimés plûtôt, ils auroient ſans doute fait ſupprimer à M. Bernard les calomnies qu'il a oſé répandre ſur la réputation de M. d'Andilly, dans ſes nouvelles de la République des Lettres du mois d'Avril 1703. après le fameux apoſtat le Vaſſor: MM. Bayle & Deſmaiſeaux ne les euſſent pas fortifiées dans leurs Lettres: Ce dernier n'eût pas voulu les appuyer de nouveau dans les Notes dont il a d'ailleurs enrichi les Lettres de Bayle. Il eſt certain que jamais rien ne fut plus oppoſé au caractere de M. d'Andilly, que d'avoir eu *une ame venale*, comme le Préſident de Gramond l'en a accuſé le premier dans ſon Hiſtoire de France, qui parut en Latin en 1643. ni que d'avoir trahi Son Alteſſe Royale le Duc d'Orleans, le Comte de Schomberg, & le Maréchal d'Ornane, comme le ſoutiennent les trois Critiques dont on vient de parler, après le Vaſſor, & les Mémoires d'un prétendu favori de Son Alteſſe Royale. M. d'Andilly a été au contraire l'un des hommes de France qui a joui pendant toute ſa vie à la Cour, à Paris, & dans les Provinces, d'une réputation mieux établie, & plus généralement reconnue de pieté & de probité ; & il n'y a perſonne qui n'ait ſouſcrit de bon cœur à ce qu'a écrit de lui, il y a long-tems, un Auteur célébre : « Qu'il ne rougiſſoit point des » vertus chrétiennes, & ne tiroit point de va» nité des morales. » Auſſi ne négligea-t'il point le ſoin de ſa réputation, quand il la vit attaquée ; & le Préſident de Gramond fut obligé de déſavouer ce qu'il avoit ecrit, & de le retrancher de ſon Hiſtoire, où cette calomnie ne ſe trouve que dans les Exemplaires qui avoient été débités avant que M. d'Andilly eût pu l'apprendre. La juſtification de celui-ci, publiée dès-lors, a paſſé juſqu'à nous dans quatre de ſes Lettres de mil ſix cens quarante-trois & de 1644. adreſſées à Monſieur de Montrave, premier preſident au Parlement de Toulouſe ; ſi M. de Gramond, après avoir fait faire à M. d'Andilly d'humbles excuſes par M. Doujat, de ce qu'il avoit ecrit contre lui, s'eſt aviſé de ſoutenir enſuite ſa calomnie dans ſa lettre à Phylarque, M. d'Andilly l'a convaincu de nouveau d'impoſture dans la belle lettre qu'il écrivit ſur ce ſujet, & qui eſt la quatriéme de celles qui forment ſon Apologie. A l'égard de la trahiſon dont le prétendu favori de Son A. R. l'a accuſé, elle ſe trouve refutée si évidemment dans les Memoires que nous donnons au public, que nous sommes persuadés que ni l'autorité du pretendu favori, ni celle de Messieurs Bernard, Bayle & Desmaiseaux n'en imposeront plus au public. Le dernier d'ailleurs, trop équitable pour ne se pas rendre à la vérité dès qu'il la connoît, a déja avoué qu'il s'étoit trompé. La mort empêche les autres de se retracter. Un habile homme qui avoit entre les mains les Memoires que nous donnons, & plusieurs autres écrits d'une égale authenticité, s'étant servi des uns & des autres en 1730. pour justifier M. d'Andilly, contre les accusations du prétendu favori de Son Altesse Royale Gaston duc d'Orleans, & ayant envoyé cette justification à M. Desmaiseaux, celui-ci en fut frappé & convaincu. « Fondé, dit-il, dans la Réponse qu'il a fait à cette Apologie, » sur les Memoires d'un favori du Duc d'Orleans, & sur » une lettre de ce Prince envoyée au Parlement, j'aurois crû que la conduite de M. » Arnauld d'Andilly n'avoit pas toujours été » exemte de blâme; mais l'Auteur de cet Ecrit » qui a eu en main des piéces que je n'étois » pas à portée de consulter, a généreusement » entrepris de le justifier, & de faire voir que » sa vertu s'est conservée pure & sans tache au » milieu d'une Cour extrêmement corrompuë. J'ai lû son Memoire avec beaucoup de

 » plaisir...

» plaisir.. .. il me paroît d'autant plus nécessaire de le publier, qu'on attaque la réputation de M. d'Andilly dans plusieurs livres, & que cette justification servira à détromper le public. ».

C'est ainsi que les hommes se trompent, mais que les honnêtes gens avouënt qu'ils se sont trompés. La justification de M. d'Andilly par le Pere Bougerel Prêtre de l'Oratoire, & la Réponse de M. Desmaiseaux, servent de preuve à cette maxime. Ces deux pieces ont eu l'approbation du public, qui malgré sa malignité naturelle, souffre impatiemment que l'innocent soit calomnié. On les a imprimées l'une & l'autre en 1730. dans le tome 5e *de la Bibliotheque raisonnée des Ouvrages des sçavans de l'Europe*, & il seroit à souhaiter qu'elles fussent plus répanduës & plus communes. Les Memoires même de M. d'Andilly y suppléeront abondamment ; & quand on n'y trouveroit que ce seul avantage, on doit nous sçavoir gré de les avoir publié. Nous les donnons tels qu'ils sont sortis des mains de l'Auteur. On y trouvera beaucoup d'Anecdotes singulieres, & il nous a paru qu'ils répandoient un grand jour sur l'histoire de France de ce tems-là, ce qui doit les faire recevoir avec plus d'avidité & de plaisir.

Fautes

Fautes à corriger dans la premiere Partie.

Page 15. *ligne* 18. Savofienne ; *lifés* Savoifienne.

P. 69. *ligne* 14. prétendoir ; *lifés* prétendoit.

P. 70. *ligne* 12. après ces mots, s'y étoit acquife ; *ajoûtez*, le ferviroit utilement.

Seconde Partie.

Page 14. *ligne premiere*, M. de la Vie ; *lifés* M. de la Vieuville.

P. 35. *ligne* 11. pres paroles ; *lifés* propres paroles.

P. 86. *ligne premiere*, Aven ; *lifés* Avein.

P. 98. *ligne* 10. Briffac ; *lifés* Brifach.

P. 133. *ligne* 3. Philargue, *lifés*, Philarque.

MEMOIRES

MEMOIRES

DE M. ARNAULD D'ANDILLY.

PREMIERE PARTIE.

UNe aussi longue vie que la mienne, & dont j'ai passé la plus grande partie à la Cour, autant connu des Grands, & aussi libre avec eux qu'on le peut être, m'a si fortement persuadé du néant des choses du monde, que rien n'étoit plus éloigné de ma pensée que de laisser quelques Memoires touchant mes proches, & ce qui me regarde en particulier. Mais ne pouvant résister aux instances si pressantes que me fait mon fils de Pomponne d'en écrire quelque chose qui puisse servir à mes enfans pour les exciter à la vertu par des exemples domestiques, & leur inſpirer le mépris de ces faux biens dont la plupart des hommes ſont ſi idolâtres qu'ils ne craignent point de les rechercher aux dépens de leur honneur & de leur ſalut ; je me ſuis enfin réſolu à lui donner cette ſatisfaction, & je ne rapporterai rien que je n'aye vû de mes propres yeux, ou qui ne m'ait été dit par des perſonnes dignes de foi.

Mon pere étoit originaire d'Auvergne par une branche de ceux de nôtre race dont l'origine étoit de Provence, ainſi qu'on le peut voir par l'hiſtoire de cette Province, écrite par Ceſar de Noſtredame, où, en l'année 1195. Bertrand Arnauld eſt nommé entre les Gentilshommes qui aſſiſtérent comme témoins à l'hommage rendu au comte de Toulouſe, par Guillaume comte de Forcalquier : Et quant à ceux de nôtre nom qui s'établirent en Auvergne, dont je ſuis venu de pere en fils, de Gracieux Arnauld, que des Regiſtres de la Grand'Chambre portent s'être trouvé en 1340. en la bataille du Roi, je me contenterai de dire qu'il ſe voit par les papiers que j'en ai, que quelques-uns ont commandé une

Compagnie

compagnie d'hommes d'armes ; & que lorsque le connestable Charles de Bourbon, si connu dans nos histoires, quitta la France par le mécontentement que lui donna Madame Louise, mere du Roi François I. il passa chez mon bisayeul, nommé Henry, Gouverneur d'Herman, dans la haute Auvergne, l'un des Gentilshommes de sa maison, fils de Michel, qui avoit vécu cent quatre ans ; & il n'aida pas seulement à le sauver, mais le suivit ; ce qui causa presque sa ruine entiére, parce que sa maison fut prise & pillée par ceux qui avoient ordre d'arrêter ce Prince.

M. DE LA MOTHE-ARNAULD, ayeul de M. d'Andilly.

MON ayeul, nommé Antoine, fils de Henry, de qui je viens de parler, & seigneur de la Mothe-Arnauld, qui est un Château proche de Riom, dont j'ai vû les ruines, & de Villeneuve-Pollerande, fut celui qui quitta l'Auvergne pour s'établir à Paris. De la sorte que j'ai entendu parler de lui à plusieurs personnes qui l'avoient vû, c'étoit un homme d'un fort grand mérite, & si également capable de diverses professions, que comme il vivoit dans un tems continuellement traversé de guerres civiles, qui produisoient divers Edits de pacification & recommençoient ensuite, il commandoit pendant qu'elles duroient une compagnie de Chevaux-legers, & lorsqu'elles étoient cessées, il exerçoit d'autres Charges comme auparavant, dont l'une étoit de Procureur Général de la reine Catherine de Medicis. On pourra juger de l'estime & de l'affection dont cette grande & si habile Princesse l'honoroit, par une preuve qu'elle lui en donna, & qui me paroît trop considérable pour ne la pas rapporter ici.

Le torrent du malheur du siécle, qui par l'artifice du Démon fit tomber dans l'erreur tant de personnes même vertueuses, sous prétexte de la réformation des mœurs de l'Eglise, entraîna d'abord Monsieur de la Mothe : mais il n'eut pas plutôt reconnu le venin caché sous

ſous la fauſſe apparence de pieté de ces nouvelles opinions, qu'il y renonça, & véçut toujours depuis & mourut dans la pureté de la foi Catholique. Comme il ne s'étoit pas encore relevé de cette chute, lorſque la S. Barthelemy arriva, il fut aſſiégé chez lui par le peuple avec cette fureur qui inonda Paris de tant de ruiſſeaux de ſang en ce jour ſi remarquable : mais il ſe défendit ſi généreuſement avec ſes domeſtiques & ceux de ſes enfans qui ſe trouvérent auprès de lui, qu'il ne pût être forcé. Cependant la Reine ſa maîtreſſe ſe ſouvint de lui au milieu de tant de diverſes penſées, dont on peut s'imaginer que ſon eſprit étoit alors occupé ; & par un mouvement d'affection, qui peut paſſer pour peu ordinaire, elle envoya le lieutenant de ſes Gardes, avec nombre de ceux qui étoient ſous ſa charge, le dégager d'un ſi grand péril, & le mener dans la Chambre des Comptes, pour y être en ſûreté, & y demeurer, comme il fit, juſqu'à ce que ce terrible orage fût paſſé.

Après une telle marque de la fermeté inébranlable du courage de M. de la Mothe,

 on

on n'aura pas peine à croire ce que j'ai entendu dire diverſes fois à feu M. le Sergent, Auditeur des Comptes, & beau-pere de M. le Clerc, Intendant des Finances, qui avoit été auprès de lui, que la Reine, de qui je viens de parler, ayant obtenu un don du Roi, un Seigneur dont j'ai oublié le nom, & qui le portoit de même air que M. de Grillon de qui le nom & l'humeur ſont ſi connus, ayant obtenu le même don, M. de la Mothe s'oppoſa pour l'intérêt de la Reine à la vérification qu'il en pourſuivoit à la Chambre des Comptes. Ce Seigneur fort en colere lui demanda au ſortir de la Chambre ſur le grand degré, s'il n'étoit pas M. de la Mothe: à quoi lui ayant répondu qu'oui; il lui dit avec emportemement qu'il trouvoit étrange qu'il s'oppoſât à la vérification du don que le Roi lui avoit fait, & qu'il l'en feroit repentir. Vous me prenez pour un autre, lui repliqua M. de la Mothe. Comment? Ne m'avez-vous pas dit que vous étiez M. de la Mothe, repartit ce Seigneur? Oui, lui repliqua-t-il, mais j'allonge & accourcis ma robbe quand je veux, & vous n'oſeriez au-

bas

bas de ce degré me parler comme vous faites. Sur cela un Gentilhomme qui étoit à ce Seigneur, ayant envisagé M. de la Mothe, le reconnut, & dit à son Maître : Monsieur, c'est un tel que vous avez pû voir en telles occasions. Et ce Seigneur lui fit ensuite de grandes civilitez.

Il mourut en l'année 1585. dans sa maison du fauxbourg saint Germain, que la reine Marie de Medicis acheta quarante mille écus de M. Arnauld, pere de M. d'Andilly, & de Madame Campsillon, l'une de ses sœurs, avec les jardins qui en étoient, pour l'enfermer dans le Luxembourg. Il est enterré dans la Chapelle qu'il avoit en l'eglise de S. Sulpice. Il eut deux femmes. La premiere, nommée Marguerite Meunier, niece de M. Dubourg, chancelier de France, dont il eut un fils nommé Jean : Et la seconde, nommée Anne Forget de la maison des Forgets, barons de Verêts, du Fau & de Maslers, dont il eut huit fils & quatre filles.

M. DE LA MOTHE-ARNAULD, fils aîné de l'ayeul de M. d'Andilly.

L'AINE' de ces huit fils nommé Jean, & qui portoit le nom de la Mothe comme ſon pere, parce qu'il avoit hérité de la terre, étoit un homme très-bienfait, de grand eſprit, qui avoit extrêmement voyagé, & particuliérement dans le Levant. Il avoit tant de cœur & de zele pour le ſervice du Roi, qu'Henry III. l'ayant voulu faire Secretaire d'Etat à Blois après la mort de M. de Guiſe, il le ſupplia de trouver bon qu'il le ſervît plûtôt en Auvergne, où il avoit beſoin de ſerviteurs, parce que le parti de la Ligue y étoit fort.

Avant que ce parti eût éclaté, M. le comte de Rendan, de la maiſon de la Rochefoucault, qui avoit une amitié toute particuliére pour lui, l'avoit fort exhorté d'y entrer : mais l'en ayant trouvé très-éloigné, ils convinrent de faire bonne guerre ; & M. de Rendan lui promit que l'on n'entreprendroit rien ſur ſa maiſon de la Mothe qui étoit forte & bien

& bien fossoiée, pourvû qu'elle ne fît point la guerre. Sur cette assûrance M. de la Mothe y laissa tous ses meubles & ses papiers : mais un capitaine de la Ligue, nommé la Croix, l'attaqua lorsque les fossés étoient glacés, y perdit beaucoup de gens, la prit, la pilla, & la brûla. M. de la Mothe pressa fort M. de Rendan de lui en faire justice, & il n'en tint compte.

Dans la suite de la guerre, M. de Rendan ayant assiegé la ville d'Issoire, M. de la Mothe s'y jetta avec cinquante maîtres de sa Compagnie : & lorsque les serviteurs du Roi s'assemblérent pour faire lever le siége, & que la bataille fût sur le point de se donner en l'an 1590. le même jour de la bataille d'Yvry, M. de la Mothe sortit de la place avec sa Compagnie, & demanda que, puisqu'il avoit aidé à soutenir le siége, on voulût bien lui donner la pointe. On la lui accorda. Il passa les ennemis, vint à M. de Rendan, lui dit qu'il falloit ce jour-là payer la Mothe, lui donna deux coups d'epée, & le prit prisonnier. Sur quoi un Cavalier, sans que

M. de

M. de la Mothe le vit, lui tira par-dessus son épaule un coup de pistolet, dont il mourut. On peut voir sur ce sujet ce que M. de Thou en dit dans son Histoire. Cette action de M. de la Mothe augmenta encore de telle sorte l'estime que les serviteurs du Roy de cette Province avoient pour lui, que la ville de Clermont si passionnée pour le service de Sa Majesté, & si opposée à celle de Riom, qui étoit du parti de la Ligue, fit mettre contre un pilier de la grande Eglise, que l'on m'a montré lorsque j'y étois, un tableau de M. de la Mothe, avec une Inscription très-honorable, où le principal de ce je viens de dire étoit écrit. Mais M. le cardinal de la Rochefoucault frere de M. le comte de Rendan étant devenu depuis evêque de Clermont, fit ôter ce tableau.

M. de la Mothe ayant continué à servir le Roy dans cette guerre, il arriva que lorsqu'il étoit dans Lezoux avec M. de Chape son allié proche ; M. le comte d'Angoulême, depuis duc d'Angoulême, qui commandoit en

Auvergne

Auvergne pour le Roy , lui ayant demandé la plus grande partie de leur garniſon pour une entrepriſe qu'il vouloit executer, un Prêtre de la Ville qui étoit Ligueur dans ſon cœur, mais n'avoit oſé ſe déclarer, & qui avoit chez lui une cave qui répondoit dans le foſſé, en donna avis à M. le comte d'Eſtain parent de M. de Rendan, & l'introduiſit avec les ſiens dans la place. M. de Chape fut ſurpris & tué dans ſa maiſon ; & M. de la Mothe qui faiſoit alors le tour du rempart, s'étant jetté dans une tour avec vingt-deux hommes qui ſe ralliérent à lui, s'y défendit juſqu'à ce qu'il n'eût plus de quoi tirer. Et preſque tout ce qui étoit avec lui ayant été tué, & les ennemis ayant commencé à ſapper, & à mettre de la poudre pour faire ſauter la tour, il capitula de ſe rendre la vie ſauve. Mais ce n'étoit que pour ſauver ceux qui étoient avec lui, & particuliérement deux freres qu'il eſtimoit à cauſe de leur valeur. Car après qu'ils furent ſortis, il déboutonna ſon pourpoint, il ſe jetta au milieu des ennemis l'épée à la

main,

main, en disant que la Mothe ne vouloit point devoir la vie à des ligueurs : & fut ainsi tué de vingt coups d'épée. Il avoit épousé la fille du baron de S. Georges, dont il n'eut qu'une fille. La ville de Clermont le fit enterrer magnifiquement.

M. ARNAULD PERE DE M. d'Andilly, & second Fils de M. Arnauld de la Mothe son ayeul.

LE second des huit fils de M. de la Mothe mon Ayeul, & qui se nommoit Antoine comme lui, étoit feu mon pere. J'en parlerai fort particuliérement, comme ayant une entiére connoissance de tout ce qui le regarde.

Il succéda à la charge de Procureur Général de la reine Catherine de Medicis qu'avoit son pere, & l'exerça jusqu'à la mort de cette Princesse; mais il quitta celle d'Auditeur des Comptes qu'il avoit en même temps, parce qu'il se voulut donner tout entier à la profession du Barreau. Il éclata bien-tôt de telle sorte par son rare sçavoir & son extraordinaire éloquen-

ce,

ce, que M. Marion, depuis Président aux Enquêtes, & ensuite Avocat Général du Roy, dont le nom est si connu dans toute la France, n'ayant qu'un fils & une fille, désira de l'avoir pour gendre. Ainsi son mariage avec ma mere se fit en l'année 1585. dans le même tems que mon ayeul paternel mourut. Et les alliances de mon pere n'étant auparavant qu'en Auvergne, dont il étoit originaire, comme je l'ai dit, ce mariage lui en apporta en grand nombre, entre lesquelles les plus proches sont celles de M. Pinon, dont le pere qui étoit mon grand oncle, est mort doyen de la Grand'Chambre du Parlement, & Messieurs de la Poterie, dont l'aîné qui étoit mon oncle à la mode de Bretagne, est sous-doyen du Conseil du Roy; & j'ai l'honneur, à cause de M. de Fontenay-Mareüil, d'être parent de M. de Montmorency, & de Madame la duchesse de Créquy, de Madame la marquise de Gêvres, de M. le marquis de Gamache, de Madame la comtesse de Vivonne, de Madame de Griboval, & de

Madame

Madame la vicomteſſe de Meulan. Quant au bien, ma mere eut depuis en partage la terre d'Andilly, que j'ai venduë cinquante mille écus, & la maiſon de Paris que mon fils de Pomponne a encore. La terre de Druy, qui eſt la premiére baronie du Nivernois, fut une partie du partage de M. Marion Maître des Requêtes, Préſident au Grand Conſeil, & Contrôleur Général des Finances mon oncle maternel.

La paſſion qu'avoit mon pere pour le ſervice du Roy Henry le Grand & pour l'Etat, fit qu'il ne ſe preſenta point de grandes occaſions où il ne ſignalât ſon zéle pour l'un & pour l'autre, par des écrits ſi puiſſans & ſi eſtimés, que ceux qu'il fit avant la paix de Vervins ramenerent des Villes entieres & quantité de nobleſſe à leur devoir.

Il fit au plus fort de la Ligue & au milieu de Paris celui qui portoit pour titre l'*Anti-Eſpagnol*, qui eſt une réponſe à un Maniſeſte de M. du Maine. Elle fit tant d'impreſſion ſur les eſprits, que les chefs de la Ligue,

& ces

& ces factieux que l'on nommoit les Seize, en furent si irrités, qu'ils le firent chercher par tout, & il lui en auroit sans doute coûté la vie aussi-bien qu'à M. le Président Brisson, s'ils eussent pû le trouver. Mais il se sauva déguisé en Maçon, & s'en alla a Tours, où une partie du Parlement demeurée fidelle au Roy, avoit établi son séjour. Ma mere suivit mon pere, & me fit emporter avec elle que je n'avois encore que deux ans.

Il fit dans ce même tems deux autres écrits, dont l'un avoit pour titre, *La Fleur de Lys*, & l'autre, *La Délivrance de la Bretagne*, qui produisirent aussi de fort grands effets, en détrompant les peuples des fausses impressions que la Ligue leur avoit données.

Il fit depuis la paix de Vervins, l'écrit intitulé : *Premiére Savosienne*, contre Charles-Emmanuel duc de Savoye, sur ce qu'il refusoit de rendre les Places appartenantes à la France. Et lors de la majorité du roy Louis XIII. de glorieuse mémoire, il en fit un, intitulé : *Avis au Roy pour bien régner*, qui

qui fut tellement eſtimé de tout le monde, que les Etats Generaux pour lors aſſemblés à Paris, crurent ſe devoir ſervir de ſes avis pour former une partie des demandes qu'ils firent au Roy, comme on le peut voir par un billet que M. le marquis de Senecé, alors Préſident de la Nobleſſe, m'en écrivit.

Je crois devoir auſſi remarquer que lors du ſiége d'Amiens, en l'année 1597. l'armée du Roy s'affoibliſſoit d'Infanterie, mon pere qui avoit pris une charge de Conſeiller de Ville, parce qu'en de certaines occaſions elle donne moyen à des perſonnes habiles de rendre de grands ſervices, propoſa avec tant de force, que ſon avis fut ſuivi, de faire aux dépens de la Ville, ſans que le Roy s'y attendît, un Régiment de douze cens hommes, qui fût compoſé d'autant de Piquiers que de Mouſquetaires, afin qu'il parût davantage. M. le maréchal d'Eſtrées, que l'on nommoit alors le marquis de Cœuvres, fut choiſi pour en être Meſtre de Camp; & l'on

tient

tient que l'arrivée de ce Régiment qui étoit parfaitement beau, contribua à la reddition de la Place. Le Roy en sçut si bon gré à mon pere, qu'étant de retour à Paris, il l'envoya querir, l'entretint fort long-temps sur des sujets importans, lui donna une pension de quatre cens écus, qui étoit beaucoup en ce tems-là, dont il a toûjours été payé; & parloit toûjours depuis de lui si avantageusement à la Reine sa femme, qu'elle l'a souvent témoigné.

Lorsqu'en l'année 1600. M. le duc de Savoye, dont j'ai parlé, vint en France, le Roy Henry le Grand voulut pour lui faire une faveur extraordinaire, le mener en son Parlement, comme dans le plus auguste Sénat de l'Europe, & y faire plaider devant lui une belle cause. Il commanda à M. Robert, & & à mon pere, qu'il choisit entre tous les autres, de s'y préparer.

Il vint ensuite dans le Parlement accompagné de M. de Savoye, & ils se mirent dans la lanterne qui est proche de la cheminée. Jamais presse ne fut plus grande dans la

Grand-Chambre, excepté dans le Parquet, d'où l'on fit ſortir tout le monde; & j'y demeurai ſeul aux pieds de M. l'Avocat Général Marion, mon ayeul, n'ayant encore que onze ans. Cette célebre cauſe que mon pere gagna, eſt rapportée tout au long dans l'Hiſtoire de France de Mathieu. Je crois qu'on peut dire ſans flatterie, que nul autre de ſon tems n'a fait des actions publiques ſi éclatantes, ni fait paroître tant de force dans ce qu'on appelle deployer les maîtreſſes voiles de l'éloquence: j'en rapporterai ici quelques preuves.

M'étant rencontré au Jubé de l'egliſe de S. Paul, auprès de M. Hurault archevêque d'Aix, qui avoit été Conſeiller au Parlement, & étoit extrêmement ſçavant, un jour que M. de Coſpean evêque de Lizieux prêchoit, & mon pere étant en bas dans la Nef de l'egliſe, il me dit enſuite de cette prédication, qui avoit été très-belle: „ Il faut avoüer „ que voila bien prêcher: mais ſi M. votre „ pere, que je vois là-bas, eût été en la place „ de

„ de M. d'Aire (c'eſt l'Evêché qu'il avoit alors)
„ il nous auroit tous enlevés & attirés dans ſa
„ Chaire. Car il me ſouvient qu'étant l'un des
„ Juges, lorſqu'il plaida cette grande cauſe
„ contre les Jeſuites, il nous émût tous de
„ telle ſorte, que ſans ſçavoir où nous étions,
„ nous nous regardions les uns les autres avec
„ impatience de prononcer ce célebre Arrêt,
„ dont la mémoire ne mourra jamais dans no-
„ tre Hiſtoire. " J'eſtime qu'il n'eſt pas mal-à-propos de remarquer enſuite des paroles de ce grand Archevêque, que cette grande action de mon pere a été la premiére cauſe de la haine mortelle & irréconciliable que les Jeſuites témoignent avoir pour notre famille.

Chacun ſçait que les Préſentations des Officiers de la Couronne, telles que ſont celles des Connêtables, des Amiraux, des Ducs & Pairs, & des Maréchaux de France, ſont les plus grands efforts de l'éloquence, parce qu'elles ſont de ce genre démonſtratif & ſublime, qui ne doit rien avoir que d'élevé, d'illuſtre, & de noble; & qu'ainſi pour y

 réüſſir,

réüssir, elles doivent être des Chefs-d'œuvres, comme le panégyrique de Trajan par Pline, en est un, qui passe avec raison pour une merveille de l'antiquité. Or feu mon pere a fait seul quatorze de ces actions extraordinaires, dont tout le reste du Palais ensemble n'en a fait qu'onze ou douze. Et pour montrer de quelle maniére il emportoit les esprits, je crois pouvoir dire une particularité arrivée dans celle de M. de la Trimoüille, de qui Henry le Grand dit, après la bataille d'Yvry, qu'il avoit été ce jour-là plus vaillant que lui de la longueur de son cheval, ayant toujours combattu devant lui. Dans cette présentation mon pere parlant de la bataille de Fornouë, gagnée par Charles VIII. en Italie, où M. de la Trimoüille si connu dans nos Histoires, acquit tant d'honneur & de gloire, il toucha de telle sorte ses Auditeurs, que M. le duc de Montpensier Prince du Sang, qui étoit venu au Parlement pour assister M. de la Trimoüille en cette occasion, tira à demi son épée sans sçavoir ce qu'il faisoit,

& dit

& dit après l'action finie à M. de la Trimoüille : „ Faites-moi, je vous prie, embrasser „ M. Arnauld. Il m'a enlevé de telle sorte, qu'il „ m'aura fait passer pour fou ; car croyant être „ au combat, & ne sçachant ce que je faisois, „ j'ai tiré à demi mon épée. "

Mais nulle autre action n'a jamais tant éclaté dans le Parlement, que cette grande cause qu'il plaida pour M. de Guise contre feu M. le Prince, dont je puis parler avec certitude, comme y ayant toujours été present. Il défendoit la Garde-royale sur laquelle étoit fondé le droit de M. de Guise, contre la Garde-seigneuriale sur laquelle étoit fondé le droit de M. le Prince, nommées toutes deux ordinairement, les Gardes de Normandie. C'étoit au commencement de la régence de la reine Marie de Medicis,& cette cause dura sept Audiences toutes entiéres, dont mon pere en tint lui seul plus de quatre. On y voyoit d'un côté M. le Prince ; & de l'autre Madame la duchesse doüairiere de Guise, Madame la princesse de Conti sa fille, Madame la duchesse de Guise sa belle-fille, Monsieur le duc de Guise, M.

 le

le duc de Chevreuse, M. le cardinal de Guise, & M. le chevalier de Guise ses fils ; & durant ce temps l'entretien du Louvre & du Cercle étoit de ce qui s'étoit passé le matin au Parlement.

Lorsque M. de la Marteliere qui plaidoit pour M. le Prince voulut commencer à parler, mon pere dit qu'il étoit nécessaire de donner un Curateur à M. le Prince, parce qu'il n'étoit pas encore majeur. Cette demande surprit & fâcha extraordinairement M. le Prince, derriére lequel je me rencontrai ce jour-là, parce qu'outre sa qualité de Premier Prince du Sang, il étoit encore Chef du Conseil. On alla aux opinions, & il fut ordonné qu'on lui donneroit un Curateur. Quand la cause eut été plaidée, M. Servin Avocat Général, qui parla après, conclut pour M. le Prince ; & alors mon pere dit que défendant, comme il faisoit les droits du Roi, & M. l'Avocat Général ayant conclu au contraire, il demandoit la permission de repliquer. On alla aux opinions, & la replique lui fut accordée. Il renversa ensuite tout le Plaidoyer de M. Servin,

vin, & l'affaire ayant été appointée au Conseil, il gagna en effet sa cause, parce que M. de Guise étoit en possession en vertu d'un Arrêt provisionnel donné il y avoit longtemps.

Monsieur le Prince, voulant depuis faire juger cette cause appointée, M. de Guise n'employa pour toute défense que le plaidoyer de mon pere qu'il signa & fit imprimer; & M. le Prince l'ayant vû, ne parla jamais plus de cette affaire. Rien n'a été plus recherché que ce plaidoyer, qui portoit pour titre: *Les Gardes de Normandie*, & comme j'en avois plusieurs exemplaires, je ne pus en refuser à des personnes de qualité, principalement de Normandie qui m'en demandérent, & il m'en restoit quelques-uns dans mon cabinet à Pomponne, avec plusieurs autres pieces de feu mon pere & d'autres papiers qui furent dissipés par les Soldats lors des Guerres civiles de 1649. & 1652. M. Marion mon ayeul maternel, qui mourut en l'année 1605. avoit fort pressé mon pere de prendre sa charge d'Avocat Général, mais il ne s'y put résoudre,

dre ; & comme on juge ſouvent des choſes par les apparences, & qu'il y a peu de charges plus conſiderables que celle-là, je me crois obligé de juſtifier ſa conduite par les raiſons qui m'en ſont connuës, & que j'ai appriſes de ſa propre bouche.

Les ſeules penſions qu'il avoit de tant de Princes, de Princeſſes, & de Grands, dont il étoit Chef du Conſeil, montoient plus que les gages & les appointemens attachés à la place d'Avocat General, & ce qu'il avoit d'ailleurs étoit encore à beaucoup au-delà. Quant à l'honneur ; la maniére dont il vivoit ne lui en donnoit pas moins, qu'auroit fait cette Charge. Tous ces Princes, ces Princeſſes, & ces Grands ne tenoient jamais Conſeil que chez lui. Ceux qui étoient gouverneurs de Province lui venoient dire adieu quand ils alloient dans leurs gouvernemens, & le venoient voir lorſqu'ils en revenoient. Les Favoris en uſoient de même, & j'en puis parler comme l'ayant vû diverſes fois. Il me ſouvient qu'étant avec lui dans ſon Cabinet à quatre heures du matin j'y vis entrer le maréchal

chal d'Ancre, qui lui dit : „ Vous ne m'attendiez pas à l'heure qu'il eſt. Non, Monſieur, „ lui répondit mon pere, eh ! qui vous amene „ donc ſi matin ? Rien autre choſe, lui repartit-il, que pour vous dire adieu, parce que je „ m'en vais en Picardie. " Je les quittai, & appris depuis de mon pere, que M. le maréchal d'Ancre lui avoit dit quand je fus parti, j'ai ſujet de me plaindre de vous ; j'oblige tant de perſonnes à qui je n'ai point d'obligation, & je n'ai encore rien fait pour vous à qui j'en ai tant, parce que vous ne deſirez rien de moi. Dites-moi ce que vous voulez que je faſſe, & je le ferai avec joye. Voulez-vous une place dans le Conſeil ? Voulez-vous autre choſe ? Que voulez-vous ? Je ne deſire, Monſieur, d'être que ce que je ſuis, lui répartit mon pere ; parce que je veux toûjours me voir en état de n'avoir à faire la cour à perſonne.

Cette même raiſon lui fit refuſer la place de Premier Preſident au Parlement de Provence, à laquelle M. de Guiſe avoit paſſion de le porter, & étoit alors en pouvoir de le faire.

faire. Comme il avoit quitté de très-bonne heure le Barreau, & ne plaidoit plus qu'en des occasions fort importantes, son grand plaisir étoit de faire des arbitrages pour mettre ainsi la paix dans les familles, & il y étoit presque toujours occupé ; ce qui lui acquéroit tant d'amis, que quand il entreprit & vint à bout d'arracher d'entre les bras de M. le Maistre son gendre, Maître des Comptes ses cinq fils qu'il vouloit mener à Charenton, après que pour s'assurer la protection de tout le parti Huguenot, qui étoit alors fort puissant, il y étoit allé lui-même ; il obtint en dix jours sept Arrêts de la Grand'Chambre ou de la Chambre de l'Edit, ce qui ne s'est jamais vû. Et plusieurs des Juges que j'allois solliciter avec lui, le remercioient de l'obligation qu'ils lui avoient, d'avoir comme je viens de le dire, procuré le repos de leurs familles.

Je puis encore ajoûter pour sa justification de n'avoir point voulu être Avocat Général, qu'il vivoit si splendidement, & étoit si libéral, qu'ayant un aussi grand nombre d'enfans d'enfans qu'il avoit, il n'auroit pû avec cette Charge ſoutenir la dépenſe qu'il faiſoit.

Je ne crois pas qu'il ſe ſoit jamais vû une plus forte & plus étoite amitié, qu'étoit la mienne avec mon pere. Il n'avoit point de ſecret pour moi, & je n'en avois point pour lui. Il me diſoit toutes ſes penſées, je lui diſois toutes les miennes; & ma plus forte paſſion étoit de lui plaire; travaillant extrêmement comme je faiſois, lorſqu'il me reſtoit quelques heures, mon plus grand plaiſir étoit de l'aller entretenir. Je le trouvois ſouvent qui tenoit conſeil avec quelques-uns de ces Grands, ou de ces Princes dont j'ai parlé; & ils n'avoient point déſagreable la liberté qu'il prenoit de les ſupplier de lui pardonner s'il me parloit un peu. Il me menoit alors pour quelques momens dans ſon Cabinet, & puis les revenoit trouver quand je m'en allois.

Les inſtructions qu'il me donnoit pour le reglement de ma vie & de ma conduite, & qui étoient toutes des maximes admirables pour me porter à la vertu, ont fait de telles impreſſions ſur mon eſprit, que les ayant toûjours

toûjours presentes, je ne sçaurois trop reconnoître que si j'ai jamais fait quelque chose de bien, Dieu a voulu se servir de lui pour m'en inspirer le désir. Il mourut à l'âge de soixante ans sur la fin de l'année 1619. avec une très-grande piété. Il fut tellement regretté, que l'on fut obligé deux jours entiers de lui laisser le visage découvert, parce que sa maison ne desemplissoit point de personnes de condition qui venoient lui donner de l'eau benite, & le vouloient voir. J'en ai vû plusieurs prier Dieu long-temps aux pieds de son lit. Il est enterré à Saint Mederic dans sa Chapelle.

Je pense pouvoir dire sans flaterie, & sans que la passion pour la mémoire du meilleur pere du monde, & que j'aimois si ardemment, doive rendre mon témoignage suspect, qu'encore que personne n'ait connu plus particuliérement que moi la plûpart des grands Personnages de nôtre siécle, je n'en ai pas vû un seul qui surpassât mon pere en mérite & en vertu. Tout étoit grand dans cette ame, & je n'y ai jamais rien remarqué de bas & de foible.

ble. Il feroit inutile de parler de fon efprit, toute la France l'a admiré. Mais que ne pourrois-je pas dire de fa folide piété, de la grandeur de fon courage, de fon extrême capacité dans les affaires d'Etat, de fon parfait defintéreffement, de fon incroyable bonté; & parmi tant d'excellentes qualités, de fon humilité fi fincére qu'il ne fe prévenoit jamais, mais faifoit gloire de céder aux raifons des autres quand elles étoient bonnes : ce qui eft l'une des chofes du monde que j'ai remarqué être la plus rare. Ainfi je crois pouvoir dire après des perfonnes très-capables d'en juger, & qui l'avoient très-particuliérement connu, que jamais homme n'eut tout enfemble en un plus haut degré toutes les parties néceffaires pour faire un grand Chancelier de France. Sur quoi il me fouvient que M. le maréchal de Baffompierre au retour d'un voyage en Lorraine, durant lequel les Sceaux avoient vaqué, me dit au Louvre : „ On nous „ avoit mandé que le Roi les avoit donnés à „ Monfieur votre pere, mais j'y trouvois une „ difficulté,

„ difficulté , c'eſt qu'il en eſt capable.

Comme M. le cardinal du Perron avoit honoré la mémoire de M. l'Avocat Général Marion mon ayeul de cette Epitaphe ,

Sous ce Tombeau paré de mainte ſorte
D'honneurs muëts gît l'Eloquence morte,
Car Marion , du Senat l'ornement ,
Et du Barreau le miracle ſuprême ,
Ne fût le nom d'un homme ſeulement ,
Mais c'eſt le nom de l'Eloquence même.

L'un des plus grands eſprits de nôtre ſiécle voulut auſſi honorer la mémoire de mon pere de cette autre Epitaphe.

Paſſant , du grand Arnauld reſpecte la mémoire.
Ses vertus à ſa race ont ſervi d'ornement ,
Sa plume à ſon Pays , ſa voix au Parlement ,
Son eſprit à ſon Siécle , & ſes faits à l'Hiſtoire.

Ses diſcours aux Héros diſpenſérent la gloire ,
Par lui la Vérité triompha puiſſamment ;
Des Princes & des Rois il fut l'étonnement ,
Et les eut pour témoins d'une illuſtre victoire.

Contre

Contre un ſécond Philippe uſurpateur des Lys,
Le ſecond Demoſthene anima ſes Ecrits,
Et contre Emmanuël arma ſon Eloquence.

Il crut baſſes pour lui les hautes Dignités,
Et préfera le nom d'Oracle de la France
A la vaine ſplendeur des titres empruntés.

MONSIEUR ARNAULD l'Intendant, Seigneur de Corbeville & de la Roche, troiſieme fils de M. de la Mothe-Arnauld, ayeul de M. d'Andilly.

LE troiſiéme des fils de mon ayeul paternel, nommé Iſaac, qui m'a aimé comme ſon propre fils, & qui me tenoit lieu d'un ſecond pere, fut fait Intendant des Finances en 1605. par le Roi Henry le Grand, & par ſon ſeul choix. Comme perſonne ne l'a connu plus particulierement que moi, je puis dire ſans crainte que jamais homme n'eut tout enſemble plus de probité, de capacité, de deſintéreſſement, de courage, de fermeté, de bonté, de douceur & de civilité. Rien n'eſt plus

plus clair, que son esprit; rien plus agréable, que sa maniere de parler, & de s'expliquer; & dans l'incroyable quantité d'affaires qu'il rapportoit au Conseil où j'étois toûjours present, comme je le dirai dans la suite, je n'ai guéres vû qu'elles ne passassent par son avis, tant il les rendoit intelligibles, & opinoit judicieusement, sans rien dire que de nécessaire. Aussi ce grand Prince qui l'avoit choisi par l'estime si particuliére qu'il faisoit de son mérite, & la reine Marie de Medicis sa femme, qui avoient voulu qu'il fût de son Conseil, avoient une si grande confiance en lui, & l'honoroient d'une affection si particuliére, que je crois en devoir rapporter ici des marques assez extraordinaires.

Un jour qu'il étoit à la campagne en sa maison de Corbeville, le Roi lui envoya commander de l'aller trouver à Monceaux. Lorsqu'il y fut arrivé, il lui dit en presence de toute la Cour: „ Pourquoi pensez-vous que „ je vous aye envoyé querir? Je n'ai garde, „ Sire, de le sçavoir, lui répondit-il. Ce n'est, „ dit

» dit le Roi, que pour vous entretenir, & ajoûta
» tout haut : Je veux bien que tout le monde
» ſçache que voilà l'un des hommes de mon
» Royaume que j'eſtime le plus. » Sa Majeſté lui parla enſuite fort long-tems ; & il alla après ſaluer la Reine.

Comme la nuit s'approchoit, & qu'il prenoit congé d'elle pour ſe retirer, Sa Majeſté lui demanda où il logeroit ? il lui répondit qu'il iroit à Meaux, parce qu'il n'avoit point de logement à Monceaux. » Il ne ſera pas be-
» ſoin, lui dit-elle, que vous alliez ſi loin. « Et en même-tems elle appella M^de^. la maréchale d'Ancre, qu'elle nommoit alors Leonora, & lui commanda de faire mettre des matelas dans ſon Cabinet pour le coucher. Ayant donc ainſi paſſé la nuit, il ſe trouva le lendemain à cinq heures du matin au lever du Roi qui alloit courre le Cerf. Sa Majeſté ſurpriſe de le voir ſi matin, à cauſe qu'il lui avoit dit auſſi qu'il alloit coucher à Meaux, lui dit :
» Où avez-vous donc couché, que vous voilà
» venu ſi matin ? Je n'oſerois, Sire, vous le dire,

„ lui répondit-il, de peur que Votre Majeſté „ n'en ſoit jalouſe. J'ai couché dans le Cabinet „ de la Reine. „ La Roi ne put s'empêcher d'en rire.

Voici une autre choſe plus importante. Lorſque ce grand Prince fut ſi malheureuſement ravi à la France, il étoit dans la réſolution de le faire Surintendant des Finances, & lui avoit dit ces mêmes mots : „ Je vous „ donnerai cent mille écus en vous donnant „ cette Charge, afin que vous la puiſſiez ſou- „ tenir, & je ne ſerai pas en cela trop libéral, „ puiſque vous m'épargnerez des millions. " Comme jamais homme ne fut plus modeſte, au lieu de ſe vanter d'une ſi grande faveur, il ne nous en parla à M. de Feuquieres ſon gendre & à moi qu'un peu avant ſa mort, cela étant venu à propos. Et je fus fort ſurpris lorſque M. de Chavigny me dit que ce grand Prince lors de ſa mort étoit réſolu de lui donner cette Charge. Je lui demandai d'où il le ſçavoit; il me répondit qu'il ne pouvoit pas le mieux ſçavoir, puiſqu'il l'avoit en-

tendu

tendu dire à la Reine mere, c'est-à-dire, à la reine Marie de Medicis.

Ce troisiéme de mes oncles paternels mourut le 14. Octobre 1617. âgé de 50. ans, d'une veine qui se rompit, & je ne l'ai jamais vû que triste depuis que la Reine mere, à qui il avoit tant d'obligations, eut été releguée à Blois.

QUATRIEME FILS DE M. de la Mothe-Arnauld, ayeul de M. d'Andilly.

IL se nommoit David, & étoit Seigneur d'Estry & de Vitry, & Controlleur Général des Restes. Il étoit sçavant, éloquent, très-capable, bien-fait : Et je n'ai point connu d'homme qui eût plus de bon naturel, de probité, & de cœur. Il eut de sa premiere femme un fils Conseiller au Parlement de Metz, mort jeune, & une fille, morte religieuse à Port-Royal. Il n'eut point d'enfans de sa seconde femme, cousine germaine de M. le Garde des Sceaux Molé.

CINQUIEME FILS DE M. DE LA *Mothe-Arnauld, ayeul de M. d'Andilly.*

LE cinquiéme des huit fils de M. de la Mothe-Arnauld mon ayeul, se nommoit Benjamin. Je ne l'ai jamais vû ; mais j'ai entendu dire de lui à M. Marion mon ayeul maternel, & à tous mes proches, des choses si extraordinaires & pour l'esprit & pour le corps, qu'ils n'en parloient qu'avec admiration. Il fut tué en 1589. au siege de Gergeau aux pieds & pour le service du Roi Henry III.

SIXIEME FILS DE M. DE LA MOTHE-*Arnauld, ayeul de M. d'Andilly.*

LE sixiéme des huit fils de M. de la Mothe-Arnauld mon ayeul ; nommé Claude, Trésorier general de France à Paris, de qui je ne puis parler sans être touché de reconnoissance de l'incroyable affection qu'il avoit pour moi, étoit un homme tout extraordi-

naire

naire & pour l'eſprit & pour le cœur. Je n'ai vû perſonne dans toute la Cour mieux fait que lui. Il avoit une capacité merveilleuſe pour les affaires, étoit extrêmement adroit dans toutes ſortes d'exercices, ſi laborieux qu'il ſe délaſſoit dans le travail, & quoiqu'il eût ſous M. le duc de Sully le plus grand emploi que l'on puiſſe avoir dans les Finances auprès d'un Surintendant, & qu'il ne fît point profeſſion des armes, il avoit tant d'inclination pour la guerre, qu'il commandoit une batterie au ſiege de Montmelian, & conduiſit des gens à une attaque des plus périlleuſes qui ſe ſoient faites en ce ſiége. Il mourut en 1602. n'étant âgé que de 27. ans, lorſqu'il étoit ſur le point d'être Secretaire d'Etat au lieu de M. de Freſne-Forget, qui par l'eſtime & l'affection qu'il avoit pour lui le préféroit à tous les autres pour cette charge, dont le Roi Henry le Grand qui connoiſſoit ſon mérite, témoignoit être très-aiſe qu'il traitât.

SEPTIEME FILS.

LE ſeptiéme des huit fils de M. de la Mothe-Arnauld mon ayeul, nommé Louis, Secretaire du Roi, Controlleur Général des Reſtes, & ſeigneur de Pontchevron, Montaudon, & Châteaugaillard, étoit le ſeul de tant de freres qui n'avoit pas l'eſprit fort élevé. C'étoit ſeulement un garçon de fort bon ſens, très-officieux & très-bon ami, & qui avoit tant de probité, qu'il n'a jamais profité que de ſes taxations dans le maniement durant pluſieurs années des grandes ſommes employées pour les Ponts & Chauſſées de France, qui eſt la plus belle Commiſſion que l'on ait vûë de cette nature. Sur quoi je penſe devoir rapporter une particularité qui en eſt la preuve. Lorſqu'en l'année 1625. on fit une Chambre de Juſtice, on le taxa à quarante mille livres. J'en fus ſi touché, que j'écrivis à M. le cardinal de Richelieu la lettre dont voici la copie qui eſt imprimée dans un volume de mes Lettres, p. 62.

» Monſeigneur,

„ Monſeigneur, vous avez ſçû par M. de « Bouthillier ce que la crainte de vous impor- « tuner m'empêcha jeudy au ſoir de vous « dire, & maintenant je prens la hardieſſe de « vous renouveller ma très-humble ſupplica- « tion, afin qu'il vous plaiſe par votre auto- « rité que mon oncle, en demeurant com- « pris en la taxe de la Chambre de Juſtice, « ne reçoive aucune injuſtice qui lui feroit « plutôt choiſir une priſon, que de ſouffrir « d'être traité de la ſorte, après avoir vêcu « dans une telle probité, que ſi chacun lui « reſſembloit, le nom de malverſation ſeroit « encore inconnu dans les Finances. Il me « ſemble, Monſeigneur, que l'on ſe devroit « contenter de ce qu'au lieu de s'enrichir avec « le Roi comme font tant d'autres, quatre « de mes oncles ont perdu la vie & la plus « grande partie de leur bien en le ſervant « très-dignement, ſans vouloir encore faire « payer au ſeul qui reſte de tant de freres « une partie de ce qu'on offre pour une abo- « lition à laquelle il renonce. J'avouë, Mon- «

 „ ſeigneur,

» seigneur, que je ne serois pas assez sage, » pour supporter avec patience un traitement » si injuste en une chose qui feroit bréche » à l'honneur du nom que je porte, & que » j'ose dire être en quelque estime parmi » ceux qui estiment la vertu. Ce qui vous » oblige, Monseigneur, à vous en rendre » protecteur, & moi à tenir cette faveur pour » la plus grande de celle qui me font être, » &c. Dès le lendemain, Son Eminence m'envoya un brevet de décharge de cette somme. Il fut le seul qne l'on accorda.

M. ARNAULD MESTRE DE CAMP Géneral des Carabins de France, Mestre de Camp du regiment de Champagne, & Gouverneur du Fort-Louis.

LE huitiéme & dernier des fils de M. de la Mothe-Arnauld, nommé Pierre, Mestre de Camp Général des Carabins de France, Mestre de Camp du regiment de Champagne, & Gouverneur du Fort-Louis, a été si

connu

connu de tout le monde, que je rapporterai ſeulement de lui quelques particularités qui le feront encore mieux connoître.

Je crois pouvoir dire avec vérité, qu'il ne s'eſt vû de long-temps un homme né avec une plus grande inclination, ou une plus forte application, & une plus extraordinaire pénetration pour les choſes de la guerre. Il en avoit tellement étudié toutes les parties; étoit ſi inſtruit depuis les moindres juſqu'aux plus grandes de toutes les fonctions qui en dépendent; & avoit inventé tant de nouveaux ordres également utiles & faciles à executer, qu'il n'y avoit rien dont toutes ces choſes jointes enſembles à une activité infatigable, & une ambition démeſurée ne le rendiſſent capable.

Lorſqu'en l'année 1611. on crut que Geneve alloit être aſſiégée, & que l'on y couroit de toutes parts, la Ville ayant partagé en trois les grandes fortifications qu'elle entreprit pour ſa défenſe, en donna un tiers à ce brave M. de Bethune, Meſtre de Camp d'un regiment entretenu en Hollande, dont

la

la réputation & le mérite étoient ſi grands; un autre à M. Arnauld ; & j'ai oublié le nom du troiſiéme.

Ce ſiége ne s'étant point fait, & n'y ayant point alors de guerre ailleurs, M. Arnauld l'alla chercher en Livonie, où Guſtave le Grand, roi de Suede, eut pour lui une eſtime ſi particuliére, que s'il eût voulu renoncer pour jamais à la France pour s'établir dans le Nord, il auroit pû y faire une très-grande fortune.

Après ſon retour en France, M. le marquis d'Effiat, depuis maréchal de France, & lui firent enſemble l'une des troupes de ce célebre Carouſel fait dans la Place Royale en 1612. enſuite des mariages réſolus entre la France & l'Eſpagne, & paſſérent pour deux des plus adroits de ceux qui coururent la bague donnée par la reine Marie de Médicis, & que M. le marquis de Roüillac gagna après l'avoir diſputée contre M. le duc de la Valette : ce que M. d'Eſpernon ne lui pardonna jamais.

Monſieur

Monsieur Arnauld fut ensuite pourvu de la Charge de Mestre de Camp general des Carabins de France qu'avoit M. d'Entragues de Gyé; & les Guerres Civiles étant venuës, le maréchal d'Ancre (qui durant le voyage du feu Roy pour son mariage en 1615. & 1616. eut le commandement des troupes laissées aux environs de Paris, après que M. le maréchal de Bois-Dauphin s'en fut éloigné avec l'armée du Roy pour suivre celle des Princes) l'ayant vû agir dans toutes les occasions qui s'en présentérent, & particuliérement en celles des siéges de Clermont & de Soissons, conçut tant d'estime pour lui, qu'il lui avoit promis le commandement de six mille Liegeois, que l'on sçait qu'il faisoit encore lever lorsqu'il fut tué en 1617.

Le feu Roy ayant après la mort du maréchal d'Ancre reçu en ses bonnes graces les Princes qui se trouvoient enfermés dans Soissons, la guerre cessa. Mais elle recommença en 1620. car la Reine sa mere, qui depuis l'accommodement fait avec elle à Angoulême où

M.

M. d'Eſpernon l'avoit conduite après l'avoir enlevée de Blois,s'étoit retirée à Angers, dont le gouvernement lui avoit été donné par ce Traité, avec celui de quelques autres places de l'Anjou, elle forma l'un des plus grands partis qui ſe ſoit vû de notre tems: M. le duc du Maine, qui étoit l'un de tant de Princes & de Grands qui y entrérent, ayant ſeul aſſemblé en Guyenne, dont il étoit Gouverneur, une armée de dix-neuf mille hommes, avec leſquels il ſeroit venu aſſez à temps pour empêcher la défaite du Pont de Cé,s'il ne ſe fût point amuſé à pouſſer M. le maréchal de Themines, qu'il haïſſoit.

Dans une telle ſurpriſe le Roi, par le Conſeil de feu M. le Prince, qui depuis ſa ſortie du bois de Vincennes le 20. Octobre 1619. ne s'eſt jamais détaché des interêts de Sa Majeſté, alla en Normandie, où M. de Longueville paroiſſoit être tout puiſſant. Sa Majeſté aſſiégea & prit au mois de Juillet le château de Caën. M. Arnauld y reçut une grande bleſſûre qui l'empêcha de ſe trouver au combat du Pont de

Cé,

Cé, où sa compagnie se signala, & prit M. le comte de S. Aignan. Cette compagnie étoit si belle, composée de soldats si choisis, & qui faisoient si admirablement l'exercice par une nouvelle maniére que Monsieur Arnauld avoit inventée, que le feu Roy au retour de Bearn, vers la fin de la même année 1620. voulut que M. Arnauld, qui aprés être guéri de sa blessûre, s'étoit rendu auprès de Sa Majesté, lui fît faire l'exercice en sa présence. Il le fit auprès de Roquefort dans les landes de Bourdeaux, & il ne se peut rien ajoûter à la satisfaction que Sa Majesté & toute la Cour en témoignérent, & que je puis assurer comme l'ayant vû.

En l'annẽe 1622. le Roi étant à Saintes, il agréa que M. Arnauld traitât avec M. le comte de Monrevert de la charge de Mestre de Camp du regiment de Champagne, dont plusieurs autres desiroient extrêmement de traiter; & ce Regiment étoit alors dans l'armée avec laquelle M. le comte de Soissons assiégeoit la Rochelle.

Il arriva durant ce siége qu'un vaisseau s'é-

choüa

choüa de l'autre côté du canal. Monſieur Arnauld ſupplia Monſieur le Comte de lui permettre de l'aller brûler. Mais les Officiers de l'artillerie prétendirent que cela regardoit leur charge. Ils en reçurent l'ordre, & le feu d'artifice qu'ils portérent n'ayant pas bien réüſſi, leur deſſein manqua. Un autre vaiſſeau s'échoüa auſſi, & M. Arnauld ſupplia encore M. le Comte de lui permettre de l'aller brûler, & de lui en laiſſer la conduite. L'ayant obtenu, il prit quatre cens hommes de ſon régiment, traverſa le canal dans la vaſe en baſſe marée, au même ordre que s'il eût été ſur la terre ferme, & après avoir fait mettre le feu à la paillaſſe de ſon lit qu'il avoit fait apporter, il la fit jetter dans le vaiſſeau, & deſſus cette paille, lorſqu'elle fût toute enflammée, des feux d'artifice. Ainſi le vaiſſeau brûla entiérement à la vûë des Rochelois. Et comme M. Arnauld ne pouvoit plus s'en revenir par où il étoit allé, à cauſe du retour de la Marée, il revint par terre, tambour battant, & ſe rendit dans le camp, après avoir fait le tour de la ville dans un tel ordre que les

Rochelois

Rochelois n'oſérent ſortir pour l'attaquer.

Il prit un ſi grand ſoin de maintenir ſon régiment en bon état, & de le tenir fort, que lorſque la paix avec les Huguenots ſe fit à Montpellier ſur la fin de la même année 1622. les autres régimens de cette armée étant foibles, il ſe trouva encore de dix-ſept cens hommes effectifs. Ce qui obligea M. le Comte en ſe retirant de devant la Rochelle de le laiſſer dans le Fort-Loüis, qui n'étoit que commencé, & preſque tracé.

Rien ne paroiſſoit plus difficile que de continuer ce travail à l'entrée de l'hyver, & de l'achever enſuite, malgré les Rochelois qui conſideroient ce Fort avec raiſon, comme une citadelle qui, bien qu'éloignée, leur devoit être très-redoutable. Mais l'invincible conſtance de M. Arnauld, & la grande dépenſe qu'il fit en ſon particulier, outre l'argent du Roy, pour venir à bout de cette entrepriſe, ſurmontérent tous les obſtacles qui s'y oppoſoient. Il n'y avoit point de libéralités qu'il ne fît aux ſoldats, ni d'adreſſes dont il ne ſe ſervît pour les animer

mer à ce travail, dont ils étoient d'abord entiérement découragés.

Entre plusieurs particularités que j'ai entendu rapporter sur ce sujet à des officiers de son régiment, & dont M. du Plessis-Besançon pourroit encore rendre témoignage, en voici une qui me paroît assez remarquable.

Comme c'étoit des soldats qu'il employoit à cet ouvrage, tant pour les maintenir dans le travail, que pour leur en faire gagner l'argent, & à cause aussi qu'il auroit été assez difficile d'avoir assez de païsans dans un païs si opposé à ce dessein, ayant vû un valet de chambre d'un des capitaines, qui étoit un garçon bien fait & de bonne volonté, qui s'étoit mis à porter la hote comme les soldats, quoiqu'il le connût, il lui demanda qui il étoit. Ayant répondu qu'il étoit le valet de chambre d'un tel capitaine, il lui donna des coups de canne, en lui disant : « Quoi, vous êtes un valet de » chambre, & vous êtes assez hardi que de » faire le métier des soldats, c'est-à-dire, ce» lui des Princes, puisque les soldats ne font

» rien

» rien que les Princes tiennent à honte de » faire. „ Cette action fit un tel bruit dans le régiment, & les soldats en furent si touchés, qu'il n'est pas croyable avec quelle ardeur elle fut cause qu'ils continuérent à travailler. M. Arnauld fit donner secrétement quelques pistoles à ce valet de chambre, dont il étoit en son cœur fort satisfait : mais il sçavoit qu'il n'y a rien que l'on ne doive faire pour augmenter le cœur des soldats, afin d'en pouvoir attendre des services extraordinaires.

Lorsque ce fort commençoit à être en bon état, M. Arnauld eut besoin de pieux pour le fortifier encore davantage, & il en fit venir quatre mille & quantité de bois. Les Rochelois arrêterent les barques qui les apportoient, & il ne l'eut pas plutôt sçû, qu'il détacha de son Regiment plusieurs petits corps qui prirent jusques dans leurs portes un grand nombre de prisonniers, & continua à leur faire une si rude guerre, qu'ils députérent en diligence vers le Roi pour le supplier de la faire cesser. M. d'Herbaut Secretaire d'Etat, qui avoit la Rochelle en son Département, me montra l'original

riginal de la lettre qu'ils écrivoient à Sa Majesté, qui portoit ces propres mots : » Que » M. Arnauld leur avoit fait plus de mal en » trois jours, qu'ils n'en avoient souffert en » tout le siége. Ainsi après avoir payé si chérement la joye qu'ils avoient eu d'avoir pris ces pieux & ce bois, ils se trouvérent heureux de les lui rendre avec de grandes excuses.

Comme on ne pouvoit être plus instruit qu'il l'étoit des ordres & de la discipline des Romains, & qu'il s'étoit mis dans l'esprit de les observer à quelque prix que ce fût, il n'y eut rien qu'il ne fit à ce sujet. Mais pour adoucir par sa liberalité le travail des soldats, il ne se lassoit point de donner à ceux qui réüssissoient le mieux dans tant de nouveaux éxercices qu'il leur faisoit faire. Et M. de Châtelliers-Barlot Mestre de Camp m'a dit autrefois qu'il lui avoit vû dans un seul jour d'exercice faire porter un sac de trois cens écus qu'il fit distribuer tout entier. Mais ce n'étoit pas seulement par de l'argent qu'il gratifioit les soldats qui faisoient le mieux, c'étoit aussi par des presens de choses propres aux gens de

guerre;

guerre, comme des collets de bufle, des baudriers, des épées & autres choses semblables.

Il ne se contentoit pas de l'exercice ordinaire, il le leur faisoit faire souvent en portant outre leurs armes & du pain d'amunition pour plusieurs jours une hote sur leur dos, dans laquelle étoient un pic & une pelle pour se retrancher, & chacun sçavoit tellement son rang, & qui étoient ceux qui les commandoient par files & par demifiles, & qui les précédoient & les suivoient, que leur faisant quelquefois jetter leurs armes pêle-mêle, comme il arriveroit dans une déroute, ils reprenoient presque en un moment leur ordre & leur place.

Il leur faisoit même faire sans parler, & par de simples signes tous les exercices. Tellement que M. de Guise pere de M. de Guise le dernier mort, qui commandoit alors une armée navale étant venu voir le Fort-Louis, & M. Arnauld étant allé audevant de lui avec une grande partie de son regiment, ce Prince fut surpris de ce qu'un des siens lui ayant dit de se retourner, lorsqu'il parloit à M. Arnauld, il vit ce regiment faire l'exercice, sans que personne parlât.

Le feu Roi, que chacun sçait avoir été l'un des Princes du monde le plus sçavant dans les ordres de la guerre, avoit une telle estime pour ceux que M. Arnauld inventoit continuellement, qu'il commanda à M. de Pontis, le plus ancien Officier d'armée qui soit aujourd'hui en France, qui est encore vivant, & qui me l'a dit, d'aller au Fort-Louis sous prétexte d'être bien aise d'y passer quelque temps, mais en effet pour remarquer très-exactement jusqu'aux moindres de tous les ordres qui s'y pratiquoient, & de le lui rapporter. M. de Pontis y demeura six mois, & au bout de ce temps alla retrouver le Roi, qui s'enferma avec lui pour voir le mémoire qu'il en avoit fait, témoigna d'en être extrêmement satisfait, le prit, & lui défendit d'en garder copie.

M. Arnauld ne se contenta pas d'avoir trouvé tant de nouveaux ordres, il crut que l'on pouvoit faire des armes pour l'infanterie beaucoup plus commodes que celles dont on se servoit, & m'en envoya les modeles pour les

faire

faire voir au Roi, & s'il l'agréoit, le ſupplier d'en faire faire en Hollande du fonds des deniers revenants bon du régiment. Je portai ces modeles au Roi dans ſon cabinet des armes, & Sa Majeſté en fut ſi ſatisfaite, que non-ſeulement elle lui accorda ce qu'il deſiroit, mais voulut que le régiment des Gardes en eût de ſemblables; & toute l'infanterie de France n'en a point aujourd'hui d'autres. Enſuite de cet agrément du Roi M. Arnauld envoya en Hollande M. du Pleſſis-Beſançon, l'un des officiers de ſon régiment, pour y faire faire ces nouvelles armes.

Comme il n'y avoit point de ſoin que M. Arnauld ne prît pour faire valoir auprès du Roi les ſervices des officiers de ſon régiment, il ne pouvoit ſouffrir les paſſevolans, parce que nul gain illégitime n'eſt plus préjudiciable au ſervice. Deux des moyens dont il ſe ſervit pour l'empêcher, furent d'obtenir de Sa Majeſté que les deniers revenants bon ſeroient employés à des uſages avantageux pour le régiment, & d'ordonner qu'en faiſant la montre, il y auroit de grands intervalles entre les compagnies afin

 que

que les ſoldats ne puſſent paſſer des unes dans les autres, ſans qu'il fût facile de s'en appercevoir. M. de la Condamine, l'un des capitaines de ſon régiment contrevenant à cet ordre, il l'en reprit, & refuſant d'obéïr mit l'épée à la main contre lui. Leurs deux compagnies les piques baiſſées alloient en venir aux mains ſi les autres officiers du régiment ne l'euſſent empêché. M. Arnauld écrivit au Roi & au duc d'Eſpernon, & m'envoya un courier au ſiége de Montpellier, où Sa Majeſté étoit attachée. Je preſentai les deux lettres, & M. d'Eſpernon, près duquel j'étois très-bien alors, comme la ſuite le fera voir, en parla à Sa Majeſté en la maniére que je pouvois le ſouhaiter. Ainſi elle caſſa M. de la Condamine; &un ſi grand exemple fit l'effet que l'on peut imaginer. M. de la Condamine reconnut ſa faute, & ne pouvant avoir recours qu'à M. Arnauld pour éviter la perte de ſa charge, il le pria & le fit prier par tous les autres capitaines de vouloir s'employer pour procurer ſon rétabliſſement. M. Arnauld m'en écrivit avec de grandes conjurations de faire tout ce que je pourrois pour tâcher d'obtenir

tenir cette grace. Je commençay par en parler à M. d'Espernon. Il me dit que c'étoit demander l'une des choses du monde la plus difficile, que de rétablir ainsi un capitaine après l'avoir cassé : mais qu'il feroit pour l'amour de moi ce qu'il ne feroit pour nul autre. Et le Roi étant allé ce jour-là à Aigues-Mortes, il lui en parla durant son dîner, & j'entendis qu'à la fin de son discours, il dit à Sa Majesté en élevant un peu sa voix : » Mais on ne peut, Sire, „ rien refuser à M. d'Andilly. « Sa Majesté eut la bonté de me dire ensuite qu'elle accordoit cette grace à mon oncle. Ainsi je renvoyai le courier avec l'ordre pour le rétablissement de M. de la Condamine. Et il n'est pas croyable quelle autorité acquit à M. Arnauld dans son régiment ce crédit qu'il avoit eu d'obtenir presque en même-temps deux graces si différentes.

A quoi je dois ajoûter une chose qui fit aussi une merveilleuse impression dans les esprits de tout le regiment, qui fut qu'incontinent après cette désobéissance de M. de la Condamine, & lorsque le premier courier qu'il m'avoit en-

 voyé

voyé n'étoit pas encore de retour, les Rochelois ayant fait une sortie, M. Arnauld commanda pour aller à eux, qu'on lui fit venir la compagnie de la Condamine: sur quoi étant pressé de prendre plûtôt la sienne que non pas celle-là qui avoit eu la hardiesse de baisser les piques contre lui, il répondit, qu'il la vouloit & non pas la sienne, & en allant aux ennemis: » Pourquoi pensez-vous, lui » dit-il, que je vous ai choisi sur tout mon » régiment dans cette occasion, c'est pour » vous donner moyen de me tuer dans le » combat, si vous en avez tant d'envie, sans » que l'on puisse attribuer ma mort qu'aux » ennemis; au lieu que si vous l'eussiez fait » dans votre révolte, vous vous seriez cou- » verts d'infamie par le crime le plus honteux » que des soldats puissent commettre; car peut- » il y en avoir un plus grand, que de tour- » ner les armes contre celui à qui l'on doit » une entiére obéïssance? « A ces mots toute cette compagnie mit le ventre à terre, lui demanda pardon de sa faute; & nulle autre n'a depuis témoigné plus d'affection pour lui.

Une

Une si exacte discipline, & tant de nouveaux ordres inventés par M. Arnauld attiroient de tous côtés au Fort-Louis de jeunes Gentilshommes pour y apprendre leur métier; & plusieurs Officiers qui y alloient même par curiosité ne pouvoient assez admirer qu'il n'y eût presque point de soldats qui ne fussent capables de commander; tant cette continuelle & exacte discipline les instruisoit, & l'on pouvoit dire avec vérité qu'entre une Légion Romaine & ce Régiment, il n'y avoit autre différence que le nombre d'hommes. Ainsi quoiqu'il eût été l'un des meilleurs du Royaume, on l'a vû depuis se signaler en toutes rencontres dans la suite de nos longues guerres.

Chacun sçait ce que disoit M. le connêtable de Lesdiguieres qu'il falloit que la Rochelle prît le Fort-Louis, ou que le Fort-Louis prît la Rochelle. Et comme M. Arnauld avoit continuellement cette pensée dans l'esprit, il forma enfin le dessein de l'une des plus belles entreprises que l'on se sçauroit imaginer.

Le port de la Rochelle étoit fermé par deux tours, l'une nommée la tour de la Chaîne, & l'autre l'autre la tour de S. Nicolas. Il y avoit un bastion qui portoit le même nom, ſur lequel étoient quinze canons. Lorſque la mer ſe retiroit, on pouvoit aller dans la vaſe juſqu'au pied de cette tour de S. Nicolas dont les fenêtres baſſes étoient grillées de barreaux de fer. M. Arnauld trouva le moyen de gagner celui qui y commandoit, convint avec lui d'une ſomme dont il commença par lui donner une partie du ſien, envoya des ſergens de ſon régiment à qui il ſe fioit le plus reconnoître toutes choſes; & la maniére d'éxécuter l'entrepriſe étoit que ce Commandant limeroit les barreaux de cette fenêtre baſſe, & qu'à jour nommé, après que des ſergens & des ſoldats choiſis au nombre de trente ou quarante auroient en baſſe marée été introduits dans cette tour, M. Arnauld ne laiſſant dans le Fort que ce qui ſeroit néceſſaire pour ſa garde, ſuivroit avec le reſte de ſon régiment, ſe rendroit par cette tour maître du baſtion, s'y retrancheroit, tourneroit contre la Ville la bouche de ſes quinze canons, & avec le ſecours qui lui viendroit auſſitôt de toutes parts, comme je le dirai dans la

ſuite,

ſuite, obligeroit les Rochelois de ſe rendre la corde au col, parce qu'étant ainſi maître de ce baſtion il ſeroit déja en effet dans la Ville. La choſe ainſi projettée & diſpoſée, M. Arnauld en donna l'avis à M. de Puiſieux ſecretaire d'Etat, qui étoit alors en plus grand crédit que nul autre auprès du Roi,& Sa Majeſté connoiſſant l'importance de ce ſervice, fit promettre par lui à M. Arnauld s'il réüſſiſſoit de le faire maréchal de France, & de lui donner avec le gouvernement de la Rochelle, celui des iſles d'Oleron & de Ré. En même-tems elle envoya des ordres ſecrets aux Gouverneurs des Provinces voiſines de s'aſſûrer du plus grand nombre de nobleſſe qu'ils pourroient, pour l'amener en perſonne à M. Arnauld ſur le moindre avis qu'ils recevroient de lui: & M. le maréchal de Schomberg le pere qui étoit alors retiré dans ſon gouvernement d'Angoulême me dit depuis, que ſuivant cet ordre il avoit huit cens gentilshommes tout prêts à mener à M. Arnauld.

Une ſi grande entrepriſe & qui auroit épargné à la France tant de ſang & tant de dépenſe,

étant

étant ſur le point de s'éxécuter, M. de la Vieuville trouva moyen de gagner l'eſprit du Roi, fit éloigner M. de Puiſieux & M. le chancelier de Sillery ſon pere, & ne ſe mit guéres en peine de faire réüſſir un deſſein auquel il n'avoit point eu de part. Ainſi l'affaire fut ruinée, & la douleur qu'en eut M. Arnauld étant telle qu'on peut ſe l'imaginer le pénétra ſi vivement, que joignant à cela les fatigues incroyables qu'il avoit ſouffertes dans le fort dont l'air étoit extrêmement mauvais, & où il avoit paſſé deux Etés ſur un roc très-brûlant, & deux Hyvers ſur le bord de la mer, ſans autre logement que des hutes faites de planches, & ſans qu'il ſe ſoit paſſé une ſeule nuit qu'il n'ait fait pluſieurs rondes, il tomba malade & mourut le 14. Septembre 1624. Il eſt enterré dans la grande égliſe de Fontenay-le-Comte en Poitou.

Je ne ferai point ici ſon éloge, puiſque ce peu que j'ai dit de lui ſuffit pour faire connoître combien grande étoit ſa capacité, particuliérement dans les choſes de la guerre. Mais comme je n'écris ceci que pour ma famille, je

ne

ne craindrai point de rapporter ſur ce ſujet une choſe aſſez remarquable.

M. de Comminges-Guitaut, pere de M. de Comminges d'aujourd'hui, mort capitaine du regiment des Gardes d'une bleſſure qu'il reçut en Piémont, & auparavant capitaine au régiment de Champagne, qui étoit l'un des hommes du monde le mieux fait, très-brave, & qui avoit beaucoup d'eſprit, me dit un jour ces propres paroles en parlant de M. Arnauld: „ Quel homme c'étoit que M. votre oncle ! » il ne ſe pouvoit rien ajoûter à la civilité » avec laquelle il vivoit avec tout ce que nous » étions d'Officiers de ſon régiment, ni à ſa » gravité quand il la gardoit quelquefois. Il me » ſouvient qu'un jour qu'il étoit aſſis, & que » nous étions près de cinquante Officiers de- » bout devant lui, il nous dit ſur un ſujet qui » vint à propos, & nous le dit avec la même » audace qu'auroit fait Céſar: Je veux bien » que vous ſçachiez tous que ſi j'avois une „ armée de vingt mille hommes bien payés, & „ vingt canons, & que Dieu ne s'opposât point „ à mes deſſeins, il n'y auroit rien ſous le Ciel

» qui

„ qui me fût impossible “. Et M. de Comminges après m'avoir dit cela, ajoûta ces mots : *Et il disoit vrai.*

Comme il mourut en 1624. & que M. le cardinal de Richelieu entra en cette même année dans la place de premier Ministre, je puis hardiment assûrer, connoissant aussi particuliérement Son Eminence que je l'ai connuë, qu'il n'y avoit point de fortune à laquelle mon oncle n'eût pû prétendre sous son administration, parce qu'il ne lui manquoit aucune des qualités qui le lui pouvoient rendre agréable & considérable. Il ne faut point de meilleure preuve de l'élevation où il auroit pû arriver, que de voir quelle a été la fortune de M. de Toyras pour s'être trouvé revêtu de sa dépoüille, puisque sans faire tort à sa mémoire, on peut dire hardiment que quelque mérite qu'il eût, il y avoit une grande différence entre l'esprit & la capacité de l'un & de l'autre, & que le gouvernement du Fort-Louis dont M. Arnauld avoit fait une partie à ses dépens, la charge de Mestre de Camp du régiment de Champagne que le Roi donna à M. de de Thoiras ſans qu'il lui en coutât rien, & la force & l'admirable diſcipline de ce régiment lui acquirent la conſidération qui l'éleva à la charge de maréchal de France. Je parlerai dans la ſuite de ce que je pris la liberté de dire au feu Roi ſur ce ſujet. Et pour finir ce qui regarde ce dernier de mes oncles, de la vie & de la mort duquel j'ai dit le plus briévement que j'ai pû ce que je viens de rapporter, le P. Joſeph Capucin, qui a été en ſi grand crédit, & qui ſçavoit auſſi-bien que nul autre quel étoit ſon mérite, & juſqu'où il le pouvoit porter, fit pour lui cette Epitaphe.

Spargite humum gladiis, deducite turribus arma,
O ſocii, Arnaldus fieri ſibi talia mandat;
Et tumulum facite, & tumulo ſuperaddite carmen.
Ille Arnaldus ego Romæ qui caſtra ſevera
Invictæ erexi tumulo, tumuloque recondo.
Me Romana fides, victâ morte, intulit aſtris.
Magnus dùm vixi, moriens Rupella triumphus
Eſt mihi; & ipſa meo ſeu vivat funere gaudens.

Après avoir parlé des huit fils de M. de la Mothe-Arnauld mon ayeul, il faut parler des enfans des quatre d'entr'eux qui ont été mariés.

M.

M. DE LA MOTHE-ARNAULD qui étoit l'aîné ne laiſſa qu'une fille.

Mon pere qui étoit le ſecond laiſſa en mourant dix enfans reſtans de vingt que Dieu lui avoit donnés, dont mon frere le Docteur eſt le dernier, & moi le premier.

Entre ces dix qui le ſurvéquirent, il y avoit ſix filles, qui ont été toutes Religieuſes à Port-Royal. Car ma ſœur le Maiſtre qui étoit l'aînée, & mere de M. le Maiſtre, & de M. de Sacy, dont le mérite eſt trop connu & la réputation trop grande pour avoir beſoin que j'en parle ici très-particuliérement, prit l'habit dans cette ſainte Maiſon auſſi-tôt qu'elle fut veuve ; & ma mere qui avoit vécu toute ſa vie dans une très-grande pieté ayant fait la même choſe avant elle, & mes ſix filles ayant auſſi été Religieuſes dans ce même Monaſtere, elle eut cette conſolation ſi rare, qu'elle eſt peut-être ſans exemple, de mourir au milieu de douze de ſes filles ou petites-filles toutes Religieuſes comme elle.

Quant aux quatre fils que mon pere laiſſa, dont, comme je l'ai dit, j'étois l'aîné, il ſeroit inutile de m'étendre beaucoup ſur le ſujet du

ſecond

second qui est Evêque d'Angers, & de parler du troisiéme, qui est docteur de Sorbonne, parce qu'ils sont assez connus par eux mêmes. Ainsi je rapporterai seulement quelque chose de M. d'Angers avant qu'il fût Evêque.

Après avoir dit que le quatriéme qui étoit lieutenant de la mestre de camp des Carabins, très-bien-fait, & qui avoit beaucoup d'esprit & de cœur, fut tué auprès de Verdun, dans un combat, où le desir de venger sa mort coûta cher aux ennemis, tant il étoit aimé de ceux qui le connoissoient; & mon fils aîné fut un de ceux qui s'acquitta le mieux de ce devoir.

M. L'EVÊQUE D'ANGERS, frere de M. d'Andilly.

JE viens donc maintenant à M. d'Angers. Comme il avoit déja fait plusieurs grandes actions publiques dans le Parlement, lorsque mon pere mourut; tous les Princes & les

Grands dont mon pere étoit chef du conseil, lui envoyérent des brevets des mêmes pensions qu'ils donnoient à mon pere. Mais parce qu'il étoit résolu d'embrasser la profession Ecclesiastique, je les leur rapportai tous. Il fit ensuite un long voyage à Rome, par l'occasion que je vais dire.

Monsieur le cardinal Bentivoglio qui m'honoroit d'une affection très-particuliére, étant sur le point de partir, après avoir reçu le chapeau dans sa Nonciature de France, j'allai pour prendre congé de lui, & il me vint en l'esprit d'y mener mon frere, dans la pensée que s'il lui venoit envie de faire quelque jour le voyage d'Italie, il lui seroit avantageux d'être connu d'un cardinal d'une si grande naissance, & d'un tel mérite. Son Eminence ne l'eut pas plûtôt vû, qu'elle nous témoigna desirer de l'amener avec elle; l'assûra qu'elle ne mettroit point de différence entre lui & ses neveux qui l'accompagnoient à son retour, & s'étant fait apporter le plan de son palais, lui dit avec cette civilité, que je n'ai jamais vû plus grande en un autre, ni qui sentît plus son

son grand Seigneur, de choisir dans ce palais tel appartement qu'il voudroit. Cette proposition nous surprit, parce que mon frere ne pensoit alors à rien moins qu'à faire ce voyage. Mais S. E. nous pressa de telle sorte, qu'il nous fut impossible de nous défendre d'accepter cette faveur. Ainsi mon frere partit avec elle. Et ce grand Cardinal fit bien voir, qu'il n'y avoit point de différence entre les effets & les promesses; car mon frere ayant demeuré cinq ans à Rome dans son palais, il le traita toûjours comme s'il eût eu l'honneur d'être son neveu. Après le retour de mon frere en France, il ne s'est passé aucun ordinaire qu'il ne lui ait écrit; & depuis sa mort M. l'abbé Bentivoglio l'un de ses neveux, que je crois être encore vivant, me parlant de l'affection qu'il avoit pour lui, me dit ces propres paroles: « Si mon oncle eût été Pape, „ comme chacun sçait qu'il l'auroit pû être, „ nous nous serions trouvés obligés de faire „ la cour à Monsieur votre frere, parce qu'il „ l'aimoit de telle sorte, qu'il auroit pû passer pour le Cardinal neveu. „

Durant ce séjour de mon frere à Rome, une chose le fit extrêmement connoître ; ce fut que s'y étant rencontré dans le temps de cette grande guerre contre les Huguenots, durant toute laquelle j'étois à la Cour & à l'armée auprès de M. de Schomberg, je ne manquois point de lui écrire au vrai tout ce qui s'y passoit. Ainsi comme il étoit beaucoup mieux averti du particulier que M. l'Ambassadeur, & que l'on ne fut jamais plus curieux à Rome de nouvelles, que dans cette guerre qui regardoit la Religion, le Pape & les Cardinaux avoient impatience de voir mes lettres, où je ne mettois point d'autres affaires, afin qu'il les pût montrer, mais lui écrivois à part sur d'autres sujets.

Pendant ce même séjour à Rome, le Roy me donna pour lui lors du siége de Montpellier l'abbaye de S. Nicolas d'Angers, vacante par le décès de M. l'abbé Ruccelay ; & Sa Majesté vouloit lui donner aussi la charge d'auditeur de Rote, qui l'auroit apparemment porté au Cardinalat, mais il ne put se résoudre d'abandonner pour jamais son pays

&

& ſes proches, pour qui, étant comme il eſt du meilleur naturel du monde, il a une tendreſſe extraordinaire.

Depuis ſon retour en France on lui donna, ſans qu'il y pensât, une Chanoinie à Toul, & enſuite un Archidiaconé dans la même Egliſe. Il y fut réſider durant quelque temps, & acquit une telle eſtime & une telle affection de tout ce chapitre, que le Doyen étant mort en ſon abſence, il fut d'une commune voix élu doyen; & quelques années après l'Evêque qui étoit le frere de M. le comte de Marcheville, étant mort en 1637. ce même chapitre qui prétendoit avoir droit de nommer un Evêque, l'élut tout auſſi-tôt tout d'une voix pour remplir cette dignité: & dans le même tems le Roy lui donna ce même Evêché. Mais ſur les conteſtations arrivées entre le Pape & Sa Majeſté, touchant le droit d'y pourvoir, il ne voulut point en prendre le nom, ni aucune part en cette affaire.

En 1644. on voulut lui donner la charge de viſiteur général en Catalogne, dont l'autorité eſt fort grande, mais il ne l'accepta

 pas;

pas : & M. le cardinal Mazarin en fut assez mal satisfait. Il la fit donner à son refus à M. de Marca, depuis archevêque de Toulouse, & ensuite de Paris.

Le Roy ayant entrepris de remettre bien la maison Barberine avec le Pape Innocent X. à quoi il se rencontroit de grandes difficultés, & jugeant que M. l'abbé de S. Nicolas à cause de la grande connoissance qu'il avoit de la cour de Rome où il n'y avoit point alors d'ambassadeur, & de l'estime qu'il s'y étoit acquise, Sa Majesté le fit venir d'Angers pour l'honorer d'une commission si importante. Il partit sur la fin de 1645. & mon fils aîné, qui quelques temps auparavant avoit embrassé la profession Ecclesiastique, le suivit en ce voyage, & ne l'a point quitté depuis.

Il eut ordre de passer à Parme pour traiter de quelques affaires secretes avec ce Duc. Il alla de-là à Modène porter le brevet de la protection de France à M. le cardinal d'Est; & dans quelques conférences qu'il eut l'honneur d'avoir avec M. le duc de Modène son frere, on peut dire qu'il jetta les premiers fon-

demens

demens de ſon engagement avec la France. Il fut enſuite trouver M. le grand Duc à Ligourne, ſelon les ordres qu'il en avoit, & de-là ſe rendit à Rome.

La premiére occaſion qu'il eut d'y faire paroître ſa prudence & ſa vigueur, fut dans cette ſeconde affaire de l'Amirante de Caſtille, qui mit Rome dans la frayeur d'être ſaccagée.

Il négocia enſuite avec tant d'adreſſe le rétabliſſement de la maiſon Barberine, & ſe conduiſit de telle ſorte dans tous les divers ſuccès avantageux ou déſavantageux qui arrivérent touchant Orbitelle, Portolongone, Piombino, & autres rencontres que le Pape Innocent X. dont chacun ſçait quelle étoit la capacité dans les affaires politiques, lui donnoit en toutes occaſions de grandes loüanges; & j'ai ſçu de ceux qui l'ont vû, que même les cardinaux Eſpagnols durant le plus fort de cette guerre, ne témoignoient pas moins d'eſtime pour lui, que ceux qui avoient embraſſé le parti de la France. Ayant reçu un ordre de ſe rendre à Florence en même tems que l'armée du Roy commandée par M. le maréchal de la Meilleraye & M. le comte du Plessis-Prâlin, depuis maréchal de France, arriveroit à Portolongone, il demeura toûjours durant le siége auprès de M. le grand Duc, & ménagea si bien son esprit, qu'il ne servit pas peu à la prise de cette importante place.

Il eut une fort grande part à ce qui se fit pour tâcher à profiter pour le service du Roy, de ce célebre soulévement de Naples, dont les députés du peuple s'adressoient à lui, n'y ayant point encore à Rome d'Ambassadeur de France. Et peut-être que si les ordres du Roy lui eussent été rendus, par lesquels il lui mandoit de passer à Naples auprès de M. le duc de Guise, qui y etoit alors le chef de cette République naissante, il auroit pû par ses conseils, & par la créance que ce Prince avoit en lui, détourner le malheur qui lui arriva quelque temps après, & qui fit perdre à la France l'avantage que ce lui auroit été de faire perdre ce Royaume à l'Espagne. Le Roy agréa tellement ses services, qu'il ne se peut rien ajoûter à la satisfaction que Sa Majeſté lui en témoigna par les lettres dont il lui plut de l'honorer.

Après que le Roy fut ſorti de Paris dans cette journée trop remarquable du 6. Janvier 1649. M. l'abbé de S. Nicolas vint me trouver à Port-Royal des Champs, où durant qu'il attendoit une occaſion pour ſe retirer à Angers, M. de Rueil Evêque d'Angers, étant mort, le Roy lui fit l'honneur de lui envoyer de Saint Germain le brevet de nomination à cet Evêché. Et c'eſt ici, comme je l'ai dit, que je crois devoir ceſſer de parler de ce qui le regarde, la maniere dont Dieu lui fait la grace de ſe conduire dans cette charge, dont le poids eſt ſi terrible pour ceux qui en connoiſſent les obligations, étant ſçûë de tout le monde.

M. Arnauld l'Intendant laiſſa deux fils & trois filles, qui furent toutes mariées. L'aînée à M. de Pray (François Mariet, écuyer, ſeigneur de Pray en Vendômois) tué à Philiſbourg. La troiſiéme à M. d'Heucour, Gentilhomme des plus qualifiés en Picardie: Et la ſeconde à M. le marquis de Feuquieres,

Gouverneur

Gouverneur des ville & citadelle de Verdun, & Lieutenant général dans les évêchez de Metz, Toul, & Verdun, sur le sujet duquel il seroit inutile de m'étendre beaucoup, puisque l'on sçait assez quels ont été son mérite, ses grands emplois, & ses signalés services ; & qu'il a laissé des fils dignes de lui, qui peuvent rendre l'honneur qui est dû à sa mémoire. J'en dirai seulement quelques particularités dans la suite, parce que je ne sçaurois ne point rapporter dans ces Mémoires, des choses qui m'y engageront nécessairement. Et je me contenterai de dire ici, qu'il témoigna tant de cœur & tant de conduite dans la bataille de Thionville, qu'il assiégeoit avec l'armée du Roy, dont il étoit général, que sans une terreur panique qui prit à la plûpart de ses troupes, il l'auroit sans doute gagnée, & que quelque abandonné qu'il fût, il opiniâtra tellement le combat, qu'il ne cessa que lorsqu'il fut pris, après avoir eu le bras cassé de deux coups de mousquet. Mon fils aîné qui ne l'abandonna jamais dans cette malheureuse journée, lui porta assez long-temps son bras cassé, jusqu'à ce ce que ſon Chirurgien étant arrivé, il lui quitta la place; & rien ne l'empêcha d'être pris avec lui, que le commandement qu'il lui fit d'aller voir en quel état étoit ſon pont de bateaux, que les ennemis avoient attaqué de l'autre côté de la riviére : pendant l'execution duquel ordre M. de Feuquieres fut pris. Le feu Roy fut ſi ſatisfait de lui, que ne ſe contentant pas de donner pour ſa rançon trente mille Richdales, & la liberté à M. le baron d'Eghenfort priſonnier de guerre au Bois de Vincennes, & l'un des meilleurs chefs qu'eût l'Empereur, il avoit réſolu de l'honorer en même temps du commandement d'une autre armée, de la charge de marechal de France, & de celle de Gouverneur de Monſieur le Dauphin; mais lorſqu'il étoit près de ſortir de priſon, & que le baron d'Eghenfort étoit déja ſorti du Bois de Vincennes, & logé chez-moi, il mourut de ſes bleſſûres qui ſe rouvrirent, & l'on a cru qu'il avoit été empoiſonné dans une truite qu'on lui ſervit.

Des deux fils que M. Arnauld l'Intendant laiſſa, le plus jeune qui étoit un garçon très-bienfait & très-courageux, & qui promettoit

beaucoup

beaucoup, étant allé ſervir en Hollande, & s'étant jetté dans Berghopſom, aſſiégé par les Eſpagnols, il y fut tué, & extrêmement regretté.

M. ARNAULD MESTRE DE camp général des carabins de France, Lieutenant général des armées du Roy, & Gouverneur du château de Dijon, de Saint Jean de Laune, & de Verdun ſur-Saône.

QUANT à l'aîné qui étoit meſtre de camp général des Carabins de France, maréchal de camp, & depuis Lieutenant général des armées du Roy, il s'eſt trouvé à tant de ſiéges, de batailles & de combats, & a donné dans toutes ces occaſions tant de preuves de ſon courage & de ſa grande capacité dans la guerre, qu'il faudroit écrire une partie de l'Hiſtoire de ces derniers tems, pour parler de tous les ſervices qu'il a rendus. Il ſuffit, pour être perſuadé de ſon mérite, de ſçavoir l'eſtime particuliére qu'avoit de lui M. le Prince ſous lequel il a ſi long-temps ſervi

en

en Allemagne, en Flandre, & en Catalogne. C'est pourquoi je me contenterai de couvrir de confusion les auteurs de cette calomnie, par laquelle on a voulu ternir sa réputation, en l'accusant très-faussement de n'avoir pas bien défendu Philisbourg, dont il étoit Gouverneur. Personne n'en peut parler avec plus de certitude que moi, puisqu'étant alors Intendant de l'armée du Roy en Allemagne, qui n'en étoit éloignée que de vingt heures de chemin, & ayant vû de mes propres yeux l'état où étoit cette place, nul autre ne sçait mieux la vérité de tout ce qui s'est passé sur ce sujet. Elle est très-particuliérement contenuë dans une Relation imprimée, dont j'ai divers exemplaires, que l'on pourra voir. J'en rapporterai ici en abregé les principales choses.

Les Suédois s'étant rendus maîtres de Philisbourg au commencement de 1634. & l'électeur de Treves à qui cette place appartenoit, ayant fait de grandes instances au Roy pour la retirer d'entre leurs mains, M. de Feuquieres alors ambassadeur extraordinaire pour

Sa Majesté en Allemagne, en fit le traité, dont l'une des conditions fut que sa garnison seroit composée de dix compagnies de cent hommes chacune, six de François, & quatre d'Allemans, toutes commandées par le Gouverneur que le Roy y mettroit.

Le Roy ayant donné ensuite ce gouvernement à M. Arnauld, il en prit possession au mois d'octobre de la même année 1634. & je puis dire, comme l'ayant vû, qu'il ne se peut rien ajoûter à la diligence dont il usa pour la munir de toutes choses, & à l'ordre qu'il apporta pour regler tellement les gardes & tout ce qui regardoit la conservation de la place, qu'il ne pouvoit être surpris. La peste se mit aussi-tôt si violente dans cette garnison, qu'il mouroit dix ou douze soldats par jour, en sorte que de mille hommes dont elle étoit composée, il n'en restoit que quatre cens lorsque la place fut prise, sur quoi tout ce que M. Arnauld put faire fut d'envoyer de tous côtés aux recruës qu'il falloit faire jusques en Bourgogne, d'où l'on ne put amener en cinq semaines que soixante hommes, parce qu'outre les

les grandes lévées qui s'étoient faites, la peste & les soldats qui quittoient avoient décrié la garnison.

A ces ravages que faisoit la maladie, s'ajoûta l'incommodité des glaces qui commencérent cette année dès le 5. Novembre, & continuérent tout l'hyver à être si extraordinaires que le Rhin gela trois fois, ce qui ne s'étoit jamais vû.

M. Arnauld se voyant en même-temps environné de troupes Imperiales, & que l'armée du Roy commandée par les maréchaux de la Force & de Brezé, s'étoit éloignée de Philisbourg de vingt heures de chemin, pour aller dans le Darmstat afin de pouvoir subsister, il envoya y demander du secours. Mais quelques instances que je fisse sur cela à M. de la Force, il envoya si tard cinq compagnies tirées des régimens de Bellenave & de Rebez, qu'elles n'arrivérent qu'après la ruine de la place.

Pour faire connoître de quelle conséquence sont les glaces à Philisbourg, il est nécessaire d'en décrire la situation. C'est une place de de ſept grands baſtions royaux, fort bas, non revêtus, & dont le talus eſt ſi grand à cauſe de la terre ſablonneuſe, que l'on y monte aiſément par tout, comme je l'ai vû. Il n'y avoit point du tout de fraizes, ni aucunes paliſſades que quelques méchans pieux de ſapin, & il avoit été impoſſible d'y en faire, pour les raiſons contenuës en la relation dans laquelle il eſt répondu très-particuliérement & ſelon la vérité à toutes les objections que l'on pourroit faire. Le foſſé eſt plein d'eau juſqu'au rez-de-chauſſée; & comme il n'y avoit ni contreſcarpe, ni dehors, qu'une petite demilune devant l'une des portes, c'étoit en ce ſeul foſſé que conſiſtoit toute la force de la place; mais les glaces l'avoient rendu alors auſſi mauvais, qu'il eſt bon quand il ne gele pas. Ainſi tout ce que M. Arnauld pouvoit faire, & qu'il faiſoit, étoit de fortifier ſes gardes autant que la foibleſſe de la garniſon le permettoit, & de faire perpétuellement couper les glaces des foſſez de vingt-cinq pieds de large, ce qui étoit d'un travail exceſſif, parce que le foſſé ayant 2400. toiſes de tour, il en falloit couper, comme

on

on á fait tous les jours plus de dix mille toiſes.

La gelée augmentant toûjours, le général Galus commanda le baron de Fernamond, ſergent major de bataille de l'armée Imperiale, & le colonel Bamberg, qui avoit été vingt-quatre ans gouverneur de Philiſbourg, avec ſix mille homme choiſis ſur toutes ces troupes. Après avoir marché une nuit & un jour, ils arrivérent la nuit du 23. au 24. janvier 1635. à un quart de lieuë de la place où ils firent alte; & à la faveur de la nuit qui étoit fort obſcure, le colonel Bamberg s'avança pour remarquer les poſtes gardés par les Allemans, ce qui lui étoit facile à cauſe de la différence du langage des ſentinelles qui arrêtoient les rondes. Les ennemis partagérent enſuite leurs troupes, en autant de corps qu'il y avoit de baſtions, & avec quantité de ponts de trente-cinq à quarante pieds de long, faits avec des échelles & des ais attachés enſemble, qu'ils avoient apportés ſur des chariots, & qu'ils poſérent ſur la glace coupée, ils attaquérent tous les baſtions à la fois, & principalement les

les deux qui ſe trouvérent cette nuit-là gardés, par les Allemans ; ce qui ne ſe pouvoit éviter, parce que, comme il a été dit, il n'y avoit point de dehors pour empêcher de venir ſur le foſſé. Toutefois l'allarme ayant été donnée par les gardes avancées auſſi-tôt que les ennemis parurent, toute la garniſon fut incontinent ſous les armes, & chacun ſe rendant à ſon poſte, le combat commença en même-temps de tous côtés. M. Arnauld qui s'étoit toûjours douté de l'infidélité de ces Allemans, envoya à l'inſtant M. de Pray ſon beau-frere & ſon lieutenant au gouvernement, à l'un des deux baſtions qu'ils gardoient, & ils le tuerént auſſi-tôt qu'il approcha. Lui cependant s'en allant à l'autre baſtion, trouva les ennemis qui montoient déja à l'aide de ces Allemans de ſa garniſon, qui tuérent auſſi M. d'Idoines l'un de ſes parens, ſur quoi les ayant chargés, les uns & les autres ſe jettérent en bas. Ainſi il demeura maître du baſtion, y laiſſa ce qu'il put de ſoldats commandés par un Sergent de ſa compagnie, tous les autres Officiers de ſa garniſon étant occupés ailleurs,

&

& s'en alla donner ordre aux autres postes, où les François avoient déja repoussé les ennemis. Mais enfin après plus de trois heures de combat, environ mille d'entr'eux étant montés sur le bastion où M. de Pray avoit été tué, & n'y ayant pas dans la place de quoi faire un gros de 30. hommes pour les en chasser, il se séparérent en deux bataillons, & firent le tour du rempart à droite & à gauche, assûrés de la foiblesse de la garnison. ce qui donna moyen au reste des ennemis de monter en même-temps sur tous les autres bastions où les François se défendoient courageusement avec ce peu d'hommes, n'ayant pas dequoi border le parapet de quinze pieds en quinze pieds, bien loin d'avoir quelque corps de réserve, sans quoi il est impossible de défendre une place, principalement celles de terre.

Les ennemis maîtres du rempart, marchérent aussi-tôt vers la place d'armes pour empêcher le ralliement, ce qui ne leur fut pas difficile, parce que les François se voyant attaqués de tous côtés, & la plûpart ayant été tués ou blessés sur le rempart, le reste fut contraint de se retirer dans le palais de l'Electeur de Treves, où, bien que ce soit une maison hors de toute défense, M. Arnauld refusa par trois fois de se rendre à discrétion, quoiqu'il ne pût plus du tout tenir, & qu'il fût blessé de deux mousquetades. Mais enfin se voyant sur le point d'être forcé, & le feu étant déja à la porte du Palais, il accepta l'offre que les ennemis lui firent & à ceux qui étoient avec lui, de les renvoyer à l'armée du Roy avec leurs armes.

Cette parole quoique donnée par les principaux Chefs de l'entreprise, ne fut pas tenuë par le général Galus. Il soutint que la place de Philisbourg n'étoit pas un lieu capable d'y faire aucun traité, & envoya M. Arnauld prisonnier à Eslinghen, avec ce qui restoit des Officiers François de la garnison, & quelques cent cinquante soldats, dont la plus grande partie moururent de leurs blessûres.

Environ trois mois aprés, bien que M. Arnauld fût assez étroitement gardé, il se sauva de prison, revint en France, & aussi-tôt qu'il fut

fut arrivé à Paris, il ſupplia le Roy de lui faire donner des Commiſſaires, & de lui permettre d'entrer dans la Baſtille pour ſe juſtifier & répondre ſur ſa tête de ſon action. Sa Majeſté le lui ayant accordé, il n'y demeura que peu de jours, & ces Miniſtres ayant été pleinement informés de ce qui s'étoit paſſé, il en ſortit après avoir fait voir qu'il n'avoit manqué à rien de tout ce qu'on pouvoit attendre d'un homme de cœur & d'un très-homme de bien. Il rentra auſſi-tôt dans l'emploi, & n'ayant jamais diſcontinué juſqu'à ſa mort, il ſervit depuis preſque toûjours ſous M. le Prince dans les charges de Maréchal de Camp, & de Lieutenant Général,

Voilà au vrai de quelle ſorte s'eſt paſſée l'affaire de Philiſbourg, & je n'ai pû m'empêcher de la rapporter ſi particuliérement, par l'indignation que j'ai de ſçavoir que tant de gens qui étoient à la Cour & dans Paris bien à leur aiſe, pendant que M. Arnauld au milieu de la peſte ne dormoit ni jour ni nuit pour veiller à la ſûreté de la place, & avoit fait tout ce qui ſe peut au monde de plus courageux pour la défendre, le blâmoient aussi hardiment que s'il eût été comme eux bien endormi dans son lit. A quoi je crois devoir ajoûter, que je sçus aussi-tôt après d'un tambour sorti de la place, qu'il renversa d'un coup d'épée & fit tomber en bas du fossé le premier des Allemans qui vouloit monter sur le bastion où il étoit au commencement de l'attaque. Ce qui n'étoit pas être trop endormi.

Mais pour faire connoître que rien n'étoit plus facile, que d'emporter Philisbourg avec six mille hommes choisis en l'état où j'ai fait voir qu'il étoit alors, en voici ce me semble une bonne preuve. C'est que la nouvelle de la prise ayant été apportée à nôtre armée, dans le Darmstat, & quelques-uns s'en étonnant, j'entendis moi-même M. le duc de Veymar s'en moquer, en disant, que rien n'étoit plus facile durant les glaces. Et lorsque nous eûmes repassé le Rhein à Manheim avec l'armée du Roi, Son Altesse étant demeurée derriére, & une grande gelée étant revenuë, dans la créance qu'il eut qu'elle continuëroit, il eut dessein d'aller reprendre Philisbourg, & ne mettoit point

point en doute du tout de l'emporter. Mais la gelée cessa tout d'un coup, & rompit cette entreprise si digne de ce grand Prince, & qui auroit couvert de confusion ceux qui se mêlent de juger de si loin des choses de la guerre.

N'ayant rien dit sur ce sujet qui ne soit très-véritable, je pense avoir pleinement fait connoître la fausseté de ce qu'on n'a pû que par ignorance, par envie, ou par malice dire au désavantage de M. Arnauld touchant Philisbourg. Mais pour faire voir par quelqu'une de ses actions dans la guerre, que son courage, sa conduite, & son ordre, le rendoient digne des plus grands emplois, je crois devoir rapporter de quelle sorte il agit dans la prise d'Ager en Catalogne durant la campagne de 1647. qu'il y servit sous M. le Prince. Son Altesse ayant jugé important de reprendre cette place que les ennemis avoient prise avant, avec une armée de six mille hommes, & après un assez long siége, elle envoya M. Arnauld l'assiéger avec douze cens hommes seulement, mais avec assûrance de le fortifier de beaucoup plus de troupes, & d'y aller même en personne,

 s'il

s'il étoit besoin, plûtôt que de manquer cette entreprise. M. Arnauld pressa de telle sorte la place, & fit mettre si promptement en batterie deux canons que l'on trouva moyen de conduire à travers les montagnes, qu'ils firent breche, mais une breche peu raisonnable. Et comme il avoit disposé toutes choses pour l'exécution du dessein qu'il avoit formé de surprendre les ennemis, & qu'il n'avoit communiqué à personne, il tint Conseil de guerre seulement pour la forme; & sans faire sommer les assiégés, ni battre la moindre chamade, il fit aussi-tôt donner l'assaut, & emporta ainsi la place. Ce qui auroit été impossible s'ils eussent été préparés à le soutenir; puisque même dans une telle surprise ils firent toute la résistance que l'on pouvoit attendre de gens de cœur. Dès le commencement de l'assaut, les Dames qui s'étoient retirées de la campagne dans cette place, & toutes les autres principales femmes de la Ville s'étoient jettées & enfermées dans la grande Eglise. M. Arnauld en ayant fait ouvrir les portes après la prise de la place, le Curé revêtu de son étole,

&

& tenant le S. Sacrement entre ſes mains, ſe preſenta ſuivi des autres Eccléſiaſtiques, & toutes ces femmes étoient à genoux derriére eux en l'état que l'on peut s'imaginer. M. Arnauld les aſſûra tous qu'ils n'auroient point de mal, leur ordonna de ne bouger de-là juſqu'à ce qu'il les en allât tirer, fit refermer les portes de l'Egliſe, & mit devant un corps de garde. Il fit enſuite publier un ban, par lequel il permettoit aux ſoldats de piller durant trois heures, avec défenſe ſur peine de la vie de faire aucune violence à perſonne. Ces trois heures étant paſſées, il fit ſortir tous ces ſoldats hors de la ville avec leur butin, à la réſerve de ce qui étoit néceſſaire pour la garde de la place, alla retirer de l'Egliſe toutes ces femmes, les renvoya dans leurs maiſons, & fit ouvrir toutes les boutiques. Sur la premiére nouvelle qu'eut M. le Prince que la place avoit été emportée d'aſſaut, il vint à l'heure même, trouva les ſoldats hors des portes qui partageoient leur butin avec grande joye, & étant entré dans la ville, vit les Dames aux fenêtres qui crioient : Vive Son Alteſſe,

Alteſſe, & toutes les boutiques ouvertes comme en pleine paix, & comme s'il ne fût point arrivé de changement. Son Alteſſe n'en fut pas moins ſatisfaite, que ſurpriſe. Et je n'ai pas, ce me ſemble, eu tort de dire qu'une action de tant de courage, de conduite, & d'ordre tout enſemble, ne peut partir que d'un homme dont le mérite n'eſt pas ordinaire.

M. ARNAULD D'ANDILLY.

APRE'S avoir parlé de mon ayeul paternel, de mon pere, de mes ſept oncles paternels, de leurs enfans, & de mes freres, il faut donc maintenant parler de moi, puiſque l'on m'y contraint.

Il ne ſe peut rien ajoûter aux ſoins que mon pere, qui étoit comme je ne ſçaurois me laſſer de le dire le meilleur pere du monde, prit de mon éducation. Il ne voulut pas me mettre au Collége, parce qu'il ſçavoit trop combien l'on

y apprend

y apprend de choſes que l'on ſeroit heureux de n'avoir point ſçuës. Mais il me choiſit pour précepteur M. Lambin, fils de celui dont le nom eſt ſi célébre parmi les ſçavans, & qui ne cédoit point à ſon pere dans la connoiſſance des belles lettres particuliérement dans la pureté des langues Greque & Latine. Il n'y eut point d'exercices que mon pere ne me fit auſſi apprendre par les plus excellens Maîtres

Celui de mes Oncles dont j'ai parlé qui mourut à vingt-ſept ans, lorſqu'il étoit ſur le point d'entrer dans la charge de Secretaire d'Etat, avoit une telle paſſion pour moi, qu'il diſoit ne ſe vouloir point marier, parce qu'il me conſidéroit comme ſon fils, & qu'il n'en deſiroit point d'autre. Ainſi je ne faiſois qu'entrer dans ma troiſiéme année qu'il vouloit m'avoir auprès de lui : mais mon pere ne ſe pouvant reſoudre à conſentir que je le quittaſſe ſi-tôt, ils me partagérent entr'eux. Je paſſois toute la matinée à étudier, & à faire mes exercices, à onze heures je montois à cheval, & allois chez mon oncle. Il m'entretenoit de mille belles choses devant & après le diner, & lorsqu'il sortoit pour aller trouver M. de Sully, il me laissoit dans son cabinet pour y voir les papiers de diverses affaires qui me pouvoient former l'esprit, & lui en rendre compte quand il revenoit. Le soir, il me faisoit accompagner par ses gens, & remener chez mon pere, ce qui continua jusqu'à sa mort arrivée, comme je l'ai dit, en 1602.

Un peu après, & dans cette même année, M. de Sully alla Ambassadeur extraordinaire en Angleterre, je partis pour faire ce voyage, mais je demeurai à Montreüil malade à la mort de la petite vérole, & l'extréme bonté de mon pere me sauva, après Dieu, la vie. Car dans le moment qu'il en reçut la nouvelle par un courier exprès, il me vint trouver avec un excellent Medecin & Chirurgien, & fit en carosse avec des chevaux qu'il relaioit par tout où il en pouvoit trouver, autant de diligence que la poste.

En l'année 1604. mon oncle l'Intendant qui ne m'aimoit pas moins que cet autre oncle que j'avois perdu, desira si fort de m'avoir auprès

près de lui, que mon pere ne pût le lui refuser; & en 1605. le Roi Henry le Grand l'ayant, comme je l'ai dit, fait Intendant des Finances, j'exerçai dès ce jour-là sa premiére commission, quoique je n'eusse que seize ans.

Après la mort du Roi Henry le Grand en 1610. M. de Sully étant sorti des Finances en 1611. on établit des Directeurs des Finances pour faire la charge de Surintendant dont M. Arnauld l'Intendant fut l'un de ceux qui travailloit le plus. La reine mere Marie de Medicis alors regente alloit d'ordinaire au Conseil des Finances, & quand le feu Roi commença à croître, il y alloit aussi. Comme mon oncle étoit extrêmement consideré de la Reine & des Ministres à cause de son extrême capacité, j'avois l'avantage que nul autre à l'âge que j'avois alors n'a jamais eu d'entrer dans ce Conseil, & d'y demeurer tant qu'il duroit derriére les chaises du Roi & de la Reine à voir opiner, ce qui ne me donnoit pas une petite connoissance des affaires.

Pour me former davantage l'esprit, mon oncle ne se contentoit pas de me faire faire des extraits

extraits de quelques-unes des affaires les plus importantes dont il étoit chargé : mais il me les faisoit rapporter devant les plus anciens de Mrs du Conseil, avec lesquels il étoit Commissaire pour ces mêmes affaires, & les rapportoit lui-même ensuite dans le Conseil sur mes extraits.

En 1613. mon pere desira de me marier, quoique je n'eusse que vingt-quatre ans, & comme les hommes donnent beaucoup à l'espérance, & que l'on me voyoit en état de pouvoir prétendre à une assez grande fortune, je puis dire sans vanité, que j'ai refusé des partis riches, parce que ce n'étoit pas le bien que je considérois principalement : mais M. de la Boderie n'ayant qu'une fille unique, mon pere & mon oncle l'Intendant me proposérent d'y songer, & il me fut bien facile de le desirer, puisqu'il n'y avoit rien dans cette alliance, tant du côté de Monsieur que de Madame de la Boderie, & de Mademoiselle leur fille, qui ne dût me la faire souhaiter. Car M. de la Boderie étoit un homme d'un mérite si extraordinaire, que l'on n'en

voyoit

voyoit point en France si capable que lui de remplir dignement la place de M. de Villeroy, s'il fût venu à manquer. Il avoit passé toute sa vie à la Cour & dans les négociations étrangéres ; ses derniérs emplois avoient été l'Ambassade de Flandres, & les Ambassades ordinaires & extraordinaires d'Angleterre, & il n'y avoit pas seulement reüssi avec une entiére satisfaction du roy Henry le Grand, mais aussi avec celle des Princes près de qui il étoit envoyé, comme on le pourra voir par les particularités que je vais dire.

Après que le Roy d'Angleterre Jacques, lorsque M. de la Boderie revint de sa premiére Ambassade auprès de lui, lui eut envoyé le present ordinaire, il lui envoya aussi un bassin & un vase d'or, & lui manda que le Roy d'Angleterre avoit envoyé à l'Ambassadeur de France un present semblable à celui qu'il avoit accoutumé de faire aux autres Ambassadeurs; mais que Jacques Stuart envoyoit à Antoine de la Boderie son bon ami cet autre present, pour marque de son affection.

Que si ce que je viens de dire témoigne assez

assez l'estime que ce Prince avoit pour lui; en voici une autre preuve beaucoup plus grande, comme aussi de la créance qu'il avoit acquise dans l'esprit de Milord Cecil, grand trésorier d'Angleterre, son principal Ministre. Car lorsque M. de la Boderie fut revenu en 1610. de son ambassade, le Roy Henry le Grand qui se préparoit à cette grande guerre que l'on sçait qu'il vouloit faire, lui dit ensuite de tous les témoignages de satisfaction de ses services qu'il pouvoit désirer, qu'il falloit qu'il retournât Ambassadeur Extraordinaire pour une très-grande affaire, qui étoit d'employer tout le crédit qu'il s'étoit acquis dans son ambassade, pour porter le Roy d'Angleterre à faire avec lui une ligue offensive & deffensive; ce qu'il n'ignoroit pas être très-difficile d'obtenir d'un Prince aussi pacifique qu'il étoit. M. de la Boderie partit, & dans la surprise que le Roy d'Angleterre & le milord Cecil eurent de le voir retourner si promptement, lui ayant demandé ce qui le ramenoit si vîte : & le leur ayant dit, ils en furent encore plus surpris. Le milord Cecil

lui

lui dit enſuite, qu'il falloit mettre papiers ſur table. Et pourra-t'on croire que ſa maniére d'agir ſi prudente, ſi habile, & ſi ſincére tout enſemble, & qui étoit ſi agréable à ce Prince & à ce Miniſtre, fît qu'un traité ſi important & ſi difficile, fut conclu en trois jours ? M. de la Boderie dépêcha auſſi-tôt au Roy pour lui porter cette bonne nouvelle, dont il eſt facile de juger qu'elle auroit été la ſatisfaction qu'il auroit euë. Mais le courier trouva ce grand Prince mort, & la France accablée de douleur de l'une des plus grandes pertes qu'elle ait jamais faites.

Quant à Madame de la Boderie, fille de M. le Prevoſt, ſeigneur de Grandville, contrôleur général des finances, & d'une tante de M. le Chancelier de Sillery, qui portoit comme lui le nom de Brûlart : c'étoit une femme de ſi grand eſprit, & de ſi grande vertu, que ſon mérite lui avoit acquis en Flandre & en Angleterre, dans l'eſprit de l'Infante & de la Reine une eſtime toute particuliére. Sa Majeſté Britannique, lorſqu'elle prit congé d'elle, lui dit, entr'autres témoignages de sa bienveillance : *Que quand il ne lui resteroit que le fil de perles qu'elle portoit, elle le partageroit avec elle.* Et cette Princesse lui a écrit plusieurs fois depuis son retour en France. M. de la Boderie m'a souvent dit, qu'il n'est pas croyable combien les habitudes qu'elle avoit auprès de ces Princesses, lui servoient dans ces ambassades.

Pour le regard de Mademoiselle de la Boderie, qui n'avoit alors que quatorze ans, je me contenterai de dire qu'elle avoit toutes les qualités qui peuvent rendre aimable & estimable une personne de cette âge.

Il n'y a donc pas sujet de s'étonner que je desirasse beaucoup ce mariage ; mais les mêmes raisons qui m'y portoient, faisoient que les plus riches de Paris, & hors de Paris, des personnes de fort grande qualité y pensoient aussi. Et comme ni mon pere ni moi n'auroient voulu pour rien du monde prendre le hazard d'un refus, nous ne pouvions nous résoudre à en faire la proposition. Mais

Monsieur

Monſieur de la Boderie y donna bien-tôt ſujet; car me voyant tous les jours dans le Conſeil, il jetta les yeux ſur moi pour exécuter le deſſein qu'il avoit toûjours eu de choiſir un gendre tel qu'il le deſiroit, diſant, qu'il aimoit beaucoup mieux que Dieu ne lui eût donné qu'une fille, qu'un fils; parce que s'il n'avoit eu qu'un fils, il lui auroit fallu le garder tel qu'il ſeroit; au lieu qu'il choiſiroit pour ſa fille un gendre ſelon ſon cœur. Ainſi il me dit au Louvre dans le Conſeil: « Je m'en vais à Pomponne pour » quelques jours, je vous prie de m'y ve- » nir voir, & de vous aſſûrer que perſonne » n'y ſera ſi bien venu. » Ces paroles d'un homme ſi ſage me faiſant connoître ce qu'il avoit dans l'eſprit, je fus à Pomponne, & il ne ſe contenta pas de me recevoir auſſi-bien que M[de]. de la Boderie avec des témoignages d'affection tout extraordinaires; mais il me dit qu'il vouloit aller à Andilly, & y mener ſa fille. On peut juger qu'elle fut ma réponſe à une civilité ſi obligeante. Peu de jours après, je l'accompagnai à Andilly, & Madame & Mademoiſelle de la Boderie que j'eus le loiſir d'entretenir ce jour-là à mon aiſe, étant en caroſſe auprès d'elle. Mon pere & ma mere les reçurent de la maniére que l'on peut s'imaginer. Jamais viſite ne ſe paſſa avec plus de témoignages d'eſtime & d'affection de part & d'autre.

Comme Madame de Mareüil mere de M. le marquis de Fontenay qui étoit ma parente, ne me faiſoit pas moins l'honneut de m'aimer que ſi j'euſſe eu celui d'être ſon propre fils, & me donnoit toûjours en écrivant, cette qualité, nous n'avions pû, mon pere & moi, ne lui point dire la penſée que nous avions pour ce mariage, & elle l'avoit extrêmement approuvé. Ainſi je lui rendis compte de tout ce qui s'étoit paſſé: & alors ni elle ni mon pere, ni mon oncle l'Intendant, ne doutérent plus qu'il ne fallût faire la demande. Elle voulut s'en charger, & l'ayant faite, M. de la Boderie lui répondit avec cette grace & cette civilité, que je n'ai jamais vû plus grande en nul

nul autre : Qu'elle pouvoit juger du plaisir qu'elle lui faisoit de lui demander sa fille pour moi, puisqu'il étoit prêt de me demander pour sa fille.

Ainsi le mariage étant résolu, & les articles dressés, la difficulté ne fut pas à en demeurer d'accord, mais a déclarer ce que chacun desiroit, & sur cette contestation ils furent signés en blanc de part & d'autre, dont je crois qu'il ne s'est guéres vû d'exemples, & ils ne furent remplis que lorsqu'il fallut dresser le contrat, par lequel mon pere me donna la terre d'Andilly, & celles de Pomponne & de la Briotte furent assûrées à Mademoiselle de la Boderie.

Peut-on s'étonner que Dieu ait donné sa bénédiction à un mariage fait de la sorte ? & me blâmera-t-on d'avoir rapporté si au long des particularités qui peuvent faire connoître à mes enfans la différence qui se rencontre entre cette source de leur naissance, & ces mariages ordinaires, dont il n'est pas étrange que la plûpart ayent des suites si malheureuses, puisqu'ils n'ont pour principe que des intérêts de fortune ; que l'on n'y considére ni la race, ni la vertu, ni le mérite ; & qu'au lieu de ne penser qu'à trouver son bonheur dans une union si sainte, qu'elle represente celle de Jesus-Christ avec l'Eglise, on n'y cherche que du bien.

Nulles paroles ne peuvent exprimer la douceur dans laquelle j'ai vêcu avec M. de la Boderie. Jamais pere n'aima plus un fils : jamais fils n'honora plus un pere. Et ne s'étant jamais vû trois hommes vivre dans une plus étroite amitié que lui, mon pere & mon oncle l'Intendant vivoient ensemble. Nul plaisir ne peut être plus grand, que celui que j'avois de voir ces trois personnes d'une capacité toute extraordinaire, agiter dans leurs entretiens les plus grandes affaires avec une pénétration d'esprit, & une force de jugement qui auroit donné de l'étonnement aux plus habiles.

Comme ce Mémoire n'est fait que pour mes enfans, je ne craindrai point d'y mettre une particularité qui n'est pas, ce me semble, une petite preuve de la maniére dont il

a plû

a plû à Dieu de m'unir avec M. de la Boderie. Ayant été marié, comme je l'ai dit en 1613. le Roi fit l'année ſuivante le voyage de Bretagne, où le Conſeil des Finances ſuivit Sa Majeſté, & M. de la Boderie demeura dans le Conſeil reſté à Paris. Quoique je n'euſſe jamais alors fait de Vers, mon affection pour Monſieur de la Boderie me mit dans l'eſprit d'écrire ſa Vie en Vers. J'en fis en caroſſe huit cens en huit jours que je lui envoyai de Nantes, & dans le temps qu'il les reçut, il faiſoit de ſon côté & moi du mien, ſans que nous ſçûſſions rien du deſſein l'un de l'autre, ſa Vie en Vers pour me l'envoyer. J'ai encore écrit de ſa main, ce qu'il en avoit fait, & qui montre juſqu'à quel point il auroit excellé dans la poëſie s'il eût continué à s'y exercer, comme il avoit commencé en ſa jeuneſſe, en même-temps que le cardinal du Perron ſon intime ami. Il témoigna une grande joye de ce qu'ayant diſcontinué pendant tant d'années de faire des vers, & moi n'en ayant encore jamais fait, nous nous étions rencontré dans une même penſée.

Mon bonheur de passer une vie si agréable avec un homme d'un tel mérite, & d'une si rare bonté, ne dura guéres. Il mourut entre mes bras sur la fin de l'année 1615. n'étant âgé que de soixante ans. Et l'on peut juger combien une telle perte me fut sensible.

Le Roy étoit en ce même temps dans le voyage pour son mariage, dont il ne revint à Paris que le 16. may 1616. Et lorsqu'il en étoit parti le 17. Août 1615. pour le commencer, le trouble étoit si grand dans l'Etat, qu'il y avoit tout à craindre, même pour Paris; parce que les troupes des Princes qui avoient formé un grand parti, s'assembloient déja assez proche de cette Capitale du Royaume; & néanmoins la reine mere Marie de Medicis ne put se résoudre à différer ce voyage.

On ne peut témoigner plus d'estime & de confiance que Sa Majesté fit connoître dans cette rencontre en avoir pour M. Arnauld l'Intendant, puisque ce fut en effet sur lui qu'elle se reposa de la principale conduite des affaires dans Paris, & du soin de pourvoir à tant

de

de dépenſes qui preſſoient de tous côtés, & particuliérement pour l'armée du Roy, commandée par Monſieur le maréchal de Boiſdauphin; elle lui laiſſa pour ce ſujet la diſpoſition des treize cens mille livres qui reſtoient dans la Baſtille des cinq millions que le roy Henry le Grand y avoit mis.

M. Arnauld étant donc demeuré avec ce pouvoir, il fit tout ce qu'il put pour faire que M. de Liancourt, gouverneur de Paris, & M. de Verdun Premier Preſident du Parlement, vêcuſſent en bonne intelligence; & cela lui réüſſit durant quelques jours: mais ils ſe rebroüillérent auſſitôt; & ainſi nul d'eux ne pouvant aller chez l'autre, ni demeurer d'accord du rang de leurs ſignatures, il fallut faire toutes les expéditions doubles, & il les ſignoit avec eux. Feu M. le cardinal de Retz, qui n'étoit alors qu'évêque de Paris, étoit de ce petit conſeil, comme auſſi M. Molé Procureur Général, & depuis Garde des Sceaux, & M. le Preſident de Chavry Intendant des finances en fut auſſi durant quelques jours, après leſquels il alla au voyage.

Je

Je faiſois en leur preſence ſur le bout de la table toutes ces lettres & ces expéditions, dont le nombre étoit preſque incroyable; parce qu'une partie des Villes d'alentour de Paris étant menacées, & dépourvûës de toutes les choſes néceſſaires pour leur défenſe; & l'armée des Princes étant venuë juſqu'à Dammartin, on avoit recours de toutes parts à ce petit Conſeil, qui étoit auſſi obligé de pourvoir en même-temps à pluſieurs choſes néceſſaires pour l'armée du Roy.

La reine Mere ayant été informée de la maniére dont j'avois ſervi, me fit l'honneur de m'envoyer, lorſqu'elle étoit encore dans ſon voyage, un brevet de la premiére penſion que j'aye euë du Roy. Je lui en rendis mes très-humbles remerciemens à Eſtampes, où je fus avec mon oncle l'Intendant la trouver à ſon retour.

Il ne ſe peut rien ajoûter à la ſatisfaction qu'elle témoigna avoir de ces ſervices, non plus qu'à la bonté avec laquelle elle reçût mes remerciemens.

J'avois

J'avois alors un ſi grand accès auprès du feu Roi, que dès long-tems avant Sa Majeſté me chargeoit de ſolliciter les expéditions des gratifications qu'elle deſiroit pour les perſonnes qu'elle affectionnoit : & comme mon oncle l'Intendant étoit extrêmement prévoyant, & qu'il jugeoit que l'inclination qu'il témoignoit pour Meſſieurs de Luynes, les pourroit porter un jour à une grande faveur, il m'avoit conſeillé de faire amitié avec eux, & je n'y avois pas eu grande peine, parce qu'ils furent bien-aiſes d'avoir quelqu'un qui les pût ſervir comme je faiſois de tout mon pouvoir. Ainſi j'étois en ce tems-là leur meilleur ami, & ce fut moi qui dans la ſuite leur donnai Monſieur Dageant qu'ils ne connoiſſoient point du tout, pour prendre ſoin de leurs affaires ; ce qui a fait toute ſa fortune, & dont il m'a été très-ingrat.

Quant à Meſſieurs de Luynes, je penſe devoir, avant que de paſſer outre, dire de quelle ſorte ils ont répondu à cette grande amitié qu'ils m'avoient promiſe. M. de Luynes depuis Connêtable qui étoit l'aîné, ne s'en ſouvint plus dès le moment qu'après la mort de M. le

maréchal

maréchal d'Ancre, il ſe trouva élevé à une ſi grande faveur. M. de Cadenet, depuis duc de Chaulnes m'a toûjours payé de belles paroles ; & M. de Brantes depuis duc de Luxembourg, qui avoit beaucoup de cœur, m'a aimé tendrement & conſtamment juſqu'à ſa mort.

Sur la fin de 1616. mon oncle l'Intendant qui, comme je l'ai dit ailleurs, ne m'aimoit pas moins que ſi j'euſſe été ſon propre fils, réſolut de me donner ſa charge d'Intendant des Finances, & m'en paſſa une démiſſion pardevant Notaires, qu'il me mit entre les mains, voulant ſe réſerver ſeulement une place au Conſeil dans lequel ſa grande capacité le rendoit ſi conſidérable, qu'une charge particuliére ne lui étoit point néceſſaire pour y demeurer avec beaucoup d'honneur. Et la veille de ſa mort dont je parlerai dans la ſuite, il me mena au ſortir du Conſeil ſur le Quai du Louvre, où il me témoigna l'impatience qu'il avoit d'exécuter ce deſſein, & de me voir dans l'exercice de ſa charge.

Cependant le maréchal & la maréchale d'Ancre avoient ſi bien mis M. Barbin dans l'eſprit de la reine Mere, que ſur la fin de 1616. il

n'exerçoit

n'exerçoit pas ſeulement la charge de Surintendant des Finances ſous le nom de Contrôleur général, mais étoit plus puiſſant que nul autre dans les affaires. Il n'avoit point d'acquis; mais c'étoit un homme d'un très - grand ſens & très-judicieux, qui avoit les mains très-nettes, & qui ne ſe prévenoit point : ce qui eſt une qualité ſi rare, que je l'ai remarquée en peu de perſonnes. Comme il étoit nouveau dans la conduite des finances, il ſupplia la reine Mere de commander à M. Arnauld l'Intendant de l'y aſſiſter, & tous deux enſemble me chargérent de travailler non ſeulement à l'Etat général des Finances pour 1617. mais auſſi à tous les Etats qui en dépendent, & que l'on nomme les Etats de l'Epargne, tels que ſont les Etats des maiſons Royales, des fermes, & généralement tous les autres ; n'y ayant point d'article de l'état général des finances, qui ne ſoit la matiére d'un état particulier ; ainſi le nombre en étant ſi grand, on étoit ſouvent fort avant dans l'année courante, avant que tous ces états de la même année fuſſent dreſſés. Mais lorſque j'eus j'eus reçu cet ordre, je m'en allai chez M. de Beaumarchais, treſorier de l'épargne, qui entroit en charge en l'année ſuivante, & y travaillai de telle ſorte avec lui & M. Barbin ſon premier commis, que le premier jour de Janvier 1617. je portai à M. Barbin tous ces états au net.

Au commencement de cette même année 1617. la reine Mere étant preſſée par les Suiſſes de leur faire payer les ſommes accoutumées ſur ce qui leur étoit dû à cauſe de leurs ſervices paſſés, & les finances étant alors très épuiſées; pour y ſatisfaire, elle demanda à M. de Baſſompierre colonel général des Suiſſes, & à M. Arnauld, ce que l'on pouvoit ménager ſur cela, & leur dit qu'on lui avoit donné avis que l'on en pouvoit tirer quelques lumiéres par la vérification du compte de 1608. que M. Chomel, treſorier des ligues Suiſſes avoit à rendre. Enſuite de cet ordre, M. de Baſſompierre & M. Arnauld l'Intendant, me dirent de travailler à la vérification de cet état, qui n'étoit pas une choſe qu'ils puſſent faire,

faire, parce qu'il falloit trop de temps pour s'y employer avec exactitude, y ayant tel article qui obligeoit seul à voir six mille quittances, pour en pénétrer le fond. J'y travaillai, ensorte que je fis voir clairement le moyen d'épargner au Roi près de cent mille écus par an, sans donner aucun mécontentement aux Suisses. En quoi je puis protester avec vérité n'avoir eu dessein de nuire à personne, mais seulement d'agir selon ma conscience dans cette occasion, comme en toutes les autres. Cela m'attira néanmoins la haîne de M. de Castille, gendre de M. le President Jeannin, alors de retour de son ambassade de Suisse, en la présence duquel & de M. le Président Miron, nommé pour lui succeder à cette ambassade, cet état fut rapporté dans un Conseil tenu chez M. Barbin, & copié de mes Mémoires donnés à M. Miron, pour l'informer de la maniére dont on pourroit ménager l'argent du Roi.

Le 24. Avril 1617. Le Roi ayant fait tuer le maréchal d'Ancre, & envoyé ensuite la

reine

reine Mere à Blois, il rappella M. le chancelier de Sillery pour chef du Conſeil, rendit les Sceaux à M. du Vair, rappella auſſi M. de Villeroy, relegua en Avignon M. de Richelieu, lors Evêque de Luçon, & ſecretaire d'Etat, depuis Cardinal; & envoya M. Barbin priſonnier au Fort-l'Evêque, d'où il fut transféré à la Baſtille, & toute la faveur & le crédit paſſérent en un moment à M. de Luynes, qui avoit eu la principale part dans le deſſein de la mort du maréchal d'Ancre. Car M. de Vitry, qui fut enſuite maréchal de France n'y avoit eu que celle qu'il lui avoit donnée; & M. de Modene parent de M. de Luynes, M. Dageant, dont j'ai ci-devant parlé, & M. Tronçon, étoient ceux qui avoient principalement été informés du ſecret; mais nul autre pour ce qui étoit de mettre la main à la plume, n'y avoit tant travaillé que M. Dageant; & c'eſt ce qui fit ſa fortune, & lui donna tant de part dans les affaires, qu'il fut non-ſeulement miniſtre, ſans en porter le nom; mais celui de tous qui agiſſoit davantage, ſa

faveur

faveur étant si grande, que les Ambassadeurs ne se contentoient pas de traiter avec lui, ils rendoient même des visites à sa femme, quoiqu'elle fût si peu habile, que l'Ambassadeur de Venise lui parlant un jour de la grandeur de la République, elle lui dit dans la créance que c'étoit une femme; *Qu'il faudroit en faire le mariage avec M. le Duc d'Orleans.*

Le 14. Octobre de la même année 1617. M. Arnauld l'Intendant étant mort subitement d'une veine qui se rompit; M. le chancelier de Sillery, M. de Villeroy, & M. le President Jeannin dirent au Roi, ce dernier portant la parole, qu'ils croyoient que Sa Majesté ne pouvoit mieux faire que de me donner la charge de mon oncle; & comme j'ai cette obligation à la mémoire du feu Roi qu'on ne lui a jamais rien proposé pour moi qu'il n'ait agréé. Sa Majesté n'eut point de peine à l'accorder, & M. de Luynes qui me témoignoit avant tant d'amitié eut honte de s'y opposer, quoique, comme je l'ai dit, il eut bientôt oublié toute celle qu'il m'avoit promise. Ainsi la chose passa pour faite : mais elle ne tarda guéres à être traversée d'un côté, auprès de M. de Luynes par une infinité de personnes qui lui dirent que ses intérêts ne s'accordoient pas à mettre dans les Finances un homme aussi scrupuleux que je l'étois ; & d'autre côté, par Monsieur & Madame de Castille auprès de M. le President Jeannin par la raison que j'ai dite ; en quoi ils eurent de la peine, parce que M. le President Jeannin, qui étoit un homme de très-grand mérite, & si desintéressé qu'il n'a seulement jamais pensé à s'enrichir dans les Finances, aimoit les gens de bien, avoit été fort ami de M. de la Boderie à cause de la correspondance qu'ils avoient euë durant leurs grandes negociations pour le service du Roi, & parce qu'il avoit été aussi fort ami de mon oncle l'Intendant, & m'avoit toûjours témoigné beaucoup d'affection : mais enfin on lui dit tant de choses contraires à la vérité sur mon sujet, qu'il a paru depuis sa mort par ses mémoires imprimés qu'il s'étoit laissé persuader que j'avois rendu de mauvais offices auprès

près du feu Roi à M. de Castille pour avoir sa charge: ce qui est la plus grande fausseté du monde & la plus évidente; puisque d'un côté, je puis protester devant Dieu de n'avoir de ma vie parlé de M. de Castille au feu Roi; & que de l'autre, pouvant si justement prétendre à la charge de mon oncle, je n'avois nul besoin de penser à celle de M. de Castille, quand même je ne serois pas incapable, comme je suis, d'agir d'une maniére si basse. Je n'eus pas plûtôt vû ces mémoires que je m'en plaignis hautement. Messieurs ses petits-fils, fils de M. de Castille firent refaire cette feuille, & M. Jeannin, tresorier de l'Epargne que j'estime & honore sans l'avoir jamais vû, est extrêmement ami de mon fils de Pomponne, & parent de ma belle-fille.

M. de Luynes m'étant donc contraire, au lieu qu'il n'y avoit rien que je ne dusse attendre de lui, il me payoit toujours de belles paroles, & crut enfin avoir trouvé un moyen de ruiner mon affaire sans qu'il parût en être la cause. Ce fut que sur la fin de la même année

1617. le Roi allant tenir à Roüen une assemblée de notables dont l'ouverture se fit le 4. Decembre ; dans laquelle l'ordre étoit que le Roi leur faisoit des propositions sur lesquelles ils lui donnoient leurs avis. Et la suppression de plusieurs charges étant l'une des propositions, il crut qu'il lui seroit facile par ce moyen de faire que l'assemblée demanderoit la suppression de la charge de mon oncle : mais la chose réüssit au contraire ; car comme j'étois très-particuliérement connu de la plûpart de ces députés, & qu'ils avoient une très-grande estime pour la mémoire de feu mon oncle, & pour le mérite de mon pere, Monsieur le cardinal du Perron, President de l'assemblée, & quatre autres résolurent chacun en particulier, sans s'en être communiqué, de proposer dans l'assemblée de supplier le Roi de me donner cette charge, & de fonder leur demande sur ce que le rétablissement de l'ordre dans les Finances étant l'un des principaux fruits que l'on devoit espérer de l'assemblée, on feroit en vain des reglemens sur ce sujet, si l'on ne choisissoit des personnes d'une capacité & d'une probité éprouvée pour les faire observer, & qu'ainsi Sa Majesté ne pouvoit jetter les yeux sur nul autre, dont elle pût s'assûrer davantage que de moi, d'être bien servie dans un tel emploi. Ce que je viens de dire se devant exécuter l'aprèsdiner du même jour que mes ennemis en eurent avis, ils n'en prirent pas seulement l'allarme, mais la donnérent de telle sorte à M. de Luynes qu'il envoya à l'instant M. de Modene me conjurer avec toutes les instances imaginables de prier ceux qui devoient faire cette proposition de ne la point faire sur la parole qu'il me donnoit de me faire expédier dès le soir même un brevet d'assûrance de la charge, en quoi je rendrois un grand service à Sa Majesté, parce que l'ordre de l'assemblée étant seulement qu'elle répondoit aux propositions de Sa Majesté; ce seroit renverser cet ordre si l'assemblée, au lieu de repondre sur ces propositions, en faisoit elle-même à Sa Majesté. M. de Modene me rencontra avec M. le colonel d'Ornane, depuis maréchal de France, qui etoit l'un des hommes du monde qui m'a le plus véritablement aimé; & sur la difficulté que je faisois d'empêcher moi-même une chose qui m'étoit si honorable, il pressa de telle sorte M. le Colonel qui ne s'intéressoit pas moins que moi-même dans ce qui me regardoit, qu'il me conseilla de le faire. Je fis ce que l'on desiroit de moi, & y ai depuis eu grand regret, rien ne me pouvant être plus glorieux que cette proposition, quand même l'injustice de M. de Luynes en auroit empêché l'effet. Le soir qu'il me devoit donner ce brevet, il me remit au lendemain, & du lendemain au lendemain durant ce peu de jours que dura encore cette assemblée, & me dit enfin que cela se feroit à Gaillon au retour du Roi ; mais il me manqua à Gaillon de même qu'il avoit fait à Roüen, & tira toûjours ainsi de long en me repaissant de belles paroles& de belles espérances.

Au mois de mars de l'année suivante 1618. on découvrit une entreprise que M. Barbin prisonnier à la Bastille, avoit faite pour sortir la reine Mere de Blois, où elle étoit comme prisonniére. Cette affaire étant très-importante, à cause des personnes de qualité qui s'y trouvoient mêlées, on choisit trois Conseillers d'Etat pour en instruire le procès. Ce furent

M.

M. le President de Bailleul, M. l'Avocat, & moi; & parce qu'on ne voulut pas se confier à un Greffier, & qu'ainsi il falloit que ce fût l'un des Commissaires mêmes qui tint la plume, ce fut à moi à la prendre comme étant le plus jeune. A mesure que nous avancions dans cette affaire nous en faisions le rapport au Ministre chez M. le Chancelier où M. de Luynes se trouvoit, puis on la rapporta devant le Roi. Elle fut ensuite envoyée au Grand-Conseil pour la juger, comme il fit, & cette compagnie temoigna n'avoir point vû de procès mieux instruit.

J'estime devoir marquer sur ce sujet une particularité que les gens de bien n'auront pas désagréable. L'un des principaux chefs contre M. Barbin étoit que les mémoires écrits de sa main portoient ce que l'on devoit faire, si le Roi tomboit malade; parce que *inquirere in vitam Principis* passe pour un crime: mais il avoit ajoûté, par parenthese; *Ce qu'à Dieu ne plaise*. Et ces mots étoient sans doute pour lui une grande justification: néanmoins lorsque je l'interrogeois, ce que ces Messieurs me laissoient le plus souvent faire, à cause que tenant la plume j'avois la mémoire plus fraîche des interrogatoires & des réponſes, M. Barbin reconnut qu'il avoit écrit ces mots : *Si le Roi tombe malade :* mais il oublia d'ajoûter ces mots : *Ce que Dieu ne veüille ;* quoiqu'ils fuſſent écrits de ſa main, comme le reſte, dans la piéce originale que j'avois entre les mains. Sur quoi jugeant combien cette omiſſion pouvoit être préjudiciable, à cauſe que cet interrogatoire devant être lu devant le Roi, ces mots qui parloient de ſa maladie n'étant point adoucis par une parentheſe ſi importante pourroient frapper ſon eſprit, je crus être obligé en conſcience de les y ajoûter, & le fis ; parce que la juſtice veut que des Commiſſaires ſoient auſſi exacts à rapporter ce qui eſt à la décharge, qu'à la charge des Accuſés.

Il faut maintenant paſſer à une autre affaire aſſez importante. Chacun ſçait que Monſieur le maréchal de Boüillon, pere de Monſieur de Turenne qui étoit l'un des plus grands Capitaines & des plus habiles hommes de ſon temps, avoit plus contribué que nul autre à faire le Prince Palatin, Roi de Bohême. Et cette gran-

de

de affaire, qui fut depuis terminée par la bataille de Prague, faisoit alors un grand mouvement dans l'Empire. En ce même temps, Monsieur d'Espernon étant à Metz, le Roi fut averti qu'il se passoit un grand commerce entre M. de Boüillon & lui. Et d'un autre côté, les Huguenots remuoient fort dans le Bearn, ce que l'on croioit fomenté par M. de Boüillon que tout le monde considéroit comme l'homme du Royaume le plus capable de former, de conduire, & de soutenir un grand parti. Car jusqu'alors M. le Duc de Rohan, qui fut depuis chef, & un si habile chef du plus grand parti, & du plus difficile à étouffer qui se soit vû de nos jours, n'avoit point encore donné sujet de penser qu'il eût ce dessein; mais étant à la Cour, & paroissant être bien avec M. de Luynes qui s'étoit allié dans sa maison, en épousant la fille de M. le Duc de Montbazon.

Les choses étant en cet état, M. de Boüillon écrivit une grande lettre à M. Dageant, qui, comme je l'ai dit, avoit alors plus de part que nul autre dans les affaires, & faisoit toutes les

les fonctions de Miniſtre. Cette lettre, qui étoit un véritable manifeſte, remplie de beaucoup de plaintes, & par laquelle il témoignoit ouvertement un grand mécontentement, ayant été lûë dans le Conſeil d'en-haut, on la trouva ſi importante, que l'on jugea à propos que ce fut le Roy lui-même qui y fit réponſe, & non pas M. Dageant. Comme perſonne n'ignoroit que j'avois été cauſe de la fortune de M. Dageant, par la connoiſſance que j'avois donnée de lui à M. de Luynes, & qu'ainſi il lui importoit de cacher les ſujets qu'il me donnoit d'être mécontent de lui, & que d'ailleurs il deſiroit fort que je le ſoulageaſſe en pluſieurs rencontres, il n'y avoit point de ſoins qu'il ne prit pour conſerver les apparences de l'amitié qu'il auroit dû avoir pour moi : ce qui faiſoit paroître aux yeux du monde que je pouvois beaucoup auprès de lui, nul autre n'y ayant un ſi grand accès : il me pria de faire cette réponſe du Roy à M. de Boüillon dont il avoit été chargé. Je la fis, & tâchai de faire parler le Roy en Roy, comme j'ai toûjours fait

fait dans tant de dépêches importantes, aufquelles je me fuis trouvé obligé de travailler en diverfes occafions & par divers engagemens ; parce qu'il n'y a point en cela de plus grand défaut, que de manquer à *induere perfonam Principis*. M. Dageant lut au Roy cette réponfe, comme l'ayant faite, en prefence de tous les Miniftres. On n'y changea pas un feul mot. Elle fut envoyée, & M. de Boüillon y fit une réponfe la plus foumife du monde. Il me fouvient qu'il y avoit entre autres chofes ces mêmes paroles. *Quand mon Maître parle, il lui fuffit de dire : Je le veux.* On trouvera parmi mes papiers la copie de toutes ces lettres.

Quelque tems après, un Gentilhomme Huguenot, nommé M. de Chandion, homme de grande négociation, revenant de Sedan, dit au Roy, « que M. de Boüillon lui avoit dit, » que s'il plaifoit à Sa Majefté de lui en- » voyer quelque perfonne de confiance, il » pourroit lui faire fçavoir beaucoup de cho- » fes importantes à fon fervice. » Le Roy & les

les Miniſtres ayant cruë cette occaſion avantageuſe pour reconnoître en quelle aſſiéte étoit l'eſprit de M. de Boüillon, dont il étoit à deſirer de ſçavoir les ſentimens, dans la conjoncture preſente des affaires ; S. M. réſolut d'envoyer vers lui, & lorſqu'il s'agit du choix de la perſonne qui y ſeroit propre, M. le Chancelier de Sillery, dit qu'il croyoit que nul autre ne pouvoit mieux que moi s'acquitter de cette commiſſion. Ainſi le Roy écrivit de ſa main à M. de Boüillon, que ſur ce que lui avoit dit M. de Chandion, il m'envoyoit le trouver, & qu'il pouvoit prendre une entiére créance en moi. Je partis en poſte le 8. Septembre 1618. & M. de Boüillon, ayant que d'avoir ouvert la lettre que je lui preſentai, témoigna de la joye de mon arrivée ; mais aprés l'avoir lûë, il demeura extrêmement ſurpris, & me dit : Monſieur, je n'ai point chargé M. de Chandion de faire une telle propoſition au Roy. Et s'il ſoûtient le contraire, il eſt Gentilhomme, je me couperai la gorge avec lui. Comme je n'eus pas peine

à

à juger que ce qui faiſoit parler Monſieur de Boüillon de la ſorte, étoit la crainte de ſe trouver engagé à dire beaucoup de choſes, ſur leſquelles il n'avoit pas envie de s'ouvrir, & qu'ainſi il vouloit éviter d'entrer dans une conférence qui l'embarraſſoit, je lui répondis que je m'eſtimerois heureux d'avoir rencontré une occaſion qui m'eût procuré l'honneur de le voir, mais bien malheureux d'avoir fait un voyage dont le Roy recevroit ſi peu de ſatisfaction : que mes chevaux n'étoient pas encore débridés, & que s'il lui plaiſoit m'honorer de ſes commandemens, je m'en allois partir à l'heure même. Cette réponſe l'embarraſſa encore davantage. Il fit de grandes inſtances pour m'arrêter, me dit que je ne lui ferois pas ce tort que d'être venu à Sedan, ſans daigner voir la place, & ſans y paſſer au moins une nuit. Mais lorſqu'il vit que j'inſiſtois à ne demeurer pas un moment davantage, afin de le mettre dans la néceſſité, ou d'entrer en diſcours, ou de renvoyer ſi bruſquement un homme venu de

la

la part du Roi ; il me dit : Monsieur, si vous voulez vous asseoïr, je vous dirai ce qui se passa entre M. de Chandion & moi. Ces paroles me faisant connoître qu'il s'étoit enfin résolu d'entrer en conférence plûtôt que de souffrir que je partisse d'une maniére si précipitée, je n'eus pas peine à faire ce qu'il me témoignoit desirer. Ainsi le discours s'engagea, & je n'ai jamais vû personne parler d'affaires plus fortement & plus agréablement tout ensemble. Le premier entretien fut de plus de cinq ou six heures de suite. Il n'y eut point d'affaires du dedans & du dehors du Royaume, qui n'y fussent agitées ; & comme j'en étois fort instruit, & que particuliérement en tout ce qui regardoit la France, j'avois l'avantage de soutenir les intérêts du Roy, il ne me fut pas difficile de répondre par de puissantes raisons à celles qu'il m'opposoit. Il arriva dans ce discours par une rencontre assez remarquable que M. de Boüillon, après avoir fait de grandes plaintes de la dureté avec laquelle on l'avoit traité,

me

me dit : « Mais depuis quelque temps ayant
„ écrit à M. Dageant une grande lettre sur ce
„ sujet, à laquelle le Roy a voulu répondre
» lui-même, j'en ai reçûë une de Sa Majesté,
» par laquelle il est vrai qu'il me parle bien
„ tout-à-fait en Maître, mais il me parle aussi
„ en pere, & même touchant ma religion,
„ d'une maniére si pleine de bonté, que je
„ ne sçaurois ne lui être point obligé du desir
„ qu'il me témoigne avoir que je changeasse. „
Ainsi j'eus sujet de loüer Dieu dans mon cœur,
de voir que cette lettre que j'avois faite, n'avoit pas mal réüssi. Il arriva aussi que dans le milieu de ce discours, M. de Turenne qui n'étoit alors qu'un enfant âgé d'environ dix ans, qu'il me souvient que M. son pere appelloit Henry, & pour lequel il témoignoit beaucoup de tendresse, lui apporta un paquet, en lui disant, que c'étoit un paquet du Roi de Bohême. M. de Boüillon rougit, & résolut en même tems d'ouvrir le paquet devant moi, & de me faire lire les lettres, quoique je m'en excusasse. Il se trouva qu'il n'y avoit rien de fort important.

Ce

Ce long entretien étant fini, il fallut souper, & le reste du jour, on ne parla que de choses indifférentes. Le lendemain au matin, j'eus encore un très-long entretien avec M. de Boüillon. Il me montra la réponse qu'il avoit renduë au Roy. Elle ne pouvoit être plus soûmise, ni plus agréable à Sa Majesté; & il me fit l'honneur de me dire, que si je ne la trouvois pas bien ainsi, il la changeroit comme je le desirerois. Il écrivit aussi une lettre trop obligeante sur mon sujet à mon pere, pour qui il avoit une estime très-particuliére.

Je revins trouver le Roy à Monceaux, & rendis compte de mon voyage à M. de Luynes, qui témoigna en être fort satisfait, M. Dageant seul étant present. Ce même jour, comme je me croyois quitte de ma commission, M. de Sauveterre premier valet de chambre me vint dire que le Roy me demandoit. J'entrai dans la grande salle, S. M. étoit assise, & à l'entour d'elle étoient debout M. le Chancelier de Sillery, M. du Vair garde des sceaux, M. le president Jeannin, M. de Luynes, Messieurs

Messieurs les secretaires d'Etat, & Monsieur Dageant. Elle me commanda de lui rendre compte de mon voyage, & enfonça son chapeau pour m'écouter avec une très-grande attention.

Je parlai plus d'une heure & demie, & M. le chancelier de Sillery dit en de certaines rencontres : « Il faut avoüer que l'on ne pouvoit » mieux répondre ». Un de ceux qui étoient présens me dit au sortir de là : « Cette action » vous a trop bien réüssi pour ne vous pas » nuire, par l'envie que quelques-uns en con- » cevront ». Et il est vrai que Dieu m'assista de telle sorte dans cette petite négociation, que durant plus de deux ou trois ans aprés, Monsieur de Boüillon ne fit rien dans les affaires importantes que j'avois agitées avec lui, & ausquelles il avoit part, que je n'eusse dit au Roy ce que je croyois qu'il feroit; tant toutes ces matiéres avoient été approfondies dans les entretiens que nous avions eus.

Ce que je viens de rapporter me devoit faire croire que M. de Luynes se lasseroit enfin de de manquer à la parole ſi préciſe qu'il m'avoit fait donner à Roüen par M. de Modene, & qu'il m'avoit renouvellée lui-même à Paris. Mais voyant qu'il continuoit toûjours à ne rien tenir de ce qu'il m'avoit promis ; je me réſolus, la Cour étant alors à Soiſſons au mois d'Octobre de la même année 1618. de m'éclaircir entiérement une fois pour toutes, de ce qu'il avoit dans l'eſprit ſur mon ſujet ; & parce qu'il évitoit de me parler, à cauſe qu'il ne ſçavoit que trop le ſujet que j'avois d'être mécontent de lui ; je priai Madame ſa femme, depuis ducheſſe de Chevreuſe, de me donner moyen de lui parler. Elle me le promit, & me dit de venir le ſoir à ſon coucher, & de ne point ſortir lorſque tout le monde ſortiroit. Je le fis, & n'y ayant que lui & elle, je lui parlai avec toute la force que l'on ſe ſçauroit imaginer, & ſans me payer de tout ce qu'il me put dire, pour continuer à m'amuſer, je finis par dire à Madame ſa femme devant lui, que je lui ſerois toute ma vie très-obligé du moyen qu'elle m'avoit donné de connoître que je ne devois rien

rien attendre de lui, & me retirai de la sorte.

Je ne doute point que dans la lâcheté du siécle, plusieurs ne trouvent qu'il y eût de l'imprudence de rompre d'une telle maniére avec un favori, sans considérer qu'il est aussi difficile à ceux à qui Dieu a donné beaucoup de cœur d'agir foiblement, qu'il est impossible à ceux qui en ont peu d'agir avec force, & je ne sçaurois croire avoir failli en cela, puisque feu mon pere, ainsi que je le dirai dans la suite, l'approuva entiérement, & que M. Zamet mon intime ami, qui étoit un homme extraordinaire, comme il sera facile de le juger par ce que je rapporterai de lui quand je parlerai de sa mort, m'embrassa diverses fois lorsque je le lui racontai le lendemain. Il fit beaucoup plus: car le Roi partant ce jour-là pour aller coucher à Villers-Coterets, & Sa Majesté & toute sa cour allant à cheval à cause qu'il faisoit le plus beau tems du monde, il me dit: « Après avoir » rompu aussi généreusement que vous avez » fait avec le favori, l'on ne me verra d'au- » jourd'hui séparé de vous ». Ainsi nous nous

 entretînmes

entretînmes durant tout le chemin jusqu'à Villers-Coterets, & là je dis à Monsieur de Luxembourg, qui, comme je l'ai remarqué, m'a toujours constamment témoigné de l'amitié, le sujet que j'avois de me plaindre de M. de Luynes. Le lendemain que l'on vint coucher à Nanteuil, je fis presque tout ce chemin à cheval avec lui, & il me fit voir que M. de Luynes lui avoit rapporté entiérement tout le discours que j'avois eu avec lui, quoiqu'il eût été de près d'une heure, & lui avoit dit que je lui faisois grand tort de douter de son affection, puisqu'il ne pensoit pas seulement pour moi à la charge d'Intendant, mais à celle de Secretaire d'Etat, & qu'il ne pouvoit attribuer la maniére dont je lui avois parlé qu'à une querelle d'Allemand, pour rompre avec lui. Je lui répondis que je ne voyois pas quelle apparence il pouvoit y avoir qu'il pensât pour moi à la charge de Secretaire d'Etat, dans le même-temps qu'il remettoit toujours à me faire justice touchant celle d'Intendant: & que quant à cette querelle d'Allemand, il faudroit que j'eusse j'eûsse perdu l'esprit pour avoir fait profession avec lui d'amitié avant sa bonne fortune, & vouloir la rompre lorsqu'il se trouvoit élevé dans une si grande faveur.

Le jour d'après, étant arrivé à Paris, je rendis compte à mon pere de ce qui s'etoit passé ; il m'embrassa comme avoit fait Monsieur Zamet, approuva tout ce que j'avois dit, & me parla avec une générosité qui auroit dû me confondre, si j'en avois manqué en cette rencontre.

Le lendemain matin, M. le colonel d'Ornane nous vint trouver mon pere & moi, & nous dit que M. de Luxembourg l'avoit prié de nous venir dire qu'il n'y avoit rien que M. de Luynes ne voulût faire pour nous contenter, que M. de Luxembourg m'attendoit au Louvre dans sa chambre, & me pria d'y aller à l'heure même, afin qu'il me menât chez M. de Luynes, qui me confirmeroit cette parole. Nous nous regardâmes mon pere & moi, & comme il sçavoit jusqu'à quel point M. le Colonel me faisoit l'honneur de m'aimer, il le

ſupplia de lui dire ce qu'il eſtimoit que nous devions faire. « Je ne vois pas, lui répondit-
» il qu'après que M. d'Andilly a parlé à M. de
» Luynes d'une maniére dont nul autre peut-
» être n'a jamais parlé à un favori, & que M.
» de Luynes ne laiſſe pas de vous rechercher,
» il y ait lieu de délibérer d'aller trouver M.
» de Luxembourg, qui étant tout-à-fait ami
» de M. d'Andilly, agit avec toute l'affection
» que vous ſçauriez déſirer ». Ainſi ne pouvant pas ne point ſuivre cet avis, je m'en allai avec M. le Colonel trouver M. de Luxembourg, auquel je dis que ne croyant pas avoir tort, je ne pouvois faire des excuſes à M. de Luynes de la maniére dont je lui avois parlé. Il me répondit qu'il ne m'en demandoit point, & me mena auſſi-tôt le trouver. Je lui dis la même choſe en différens termes en preſence de Madame ſa femme, à quoi j'ajoûtai, que s'il lui plaiſoit me donner les preuves de ce que je devois attendre de l'honneur de ſon amitié, je ſerois autant ſon ſerviteur que je l'avois jamais été ; & il n'y eut point ſur cela de promeſſes qu'il ne me fit. Quelques jours après, il

envoya Monsieur Moussigol son secretaire nous offrir à mon pere & à moi la charge de Secretaire du Cabinet, en attendant que l'on me donnât celle d'Intendant, mais nous la refusâmes.

Je remarquerai ici pour faire connoître le peu de gratitude de M. Dagcant, que ne s'étant guéres mis en peine de ma rupture avec M. de Luynes, & s'étant trouvé dans sa chambre lorsque M. de Luxembourg m'y mena, comme je viens de le rapporter, je n'ai jamais vû un homme plus surpris qu'il le fut.

En l'année suivante 1619. Monsieur le duc d'Espernon ayant enlevé la Reine mere de Blois, & l'ayant menée à Angoulême, chacun sçait qu'il se passa une longue négociation, dont M. de Berulle, qui ne fut Cardinal que longtemps après, faisoit toutes les allées & venuës. Le Roy pour presser davantage l'effet de cette négociation en s'approchant plus près d'Angoulême, partit de S. Germain le 7. May, & alla à Tours, où il demeura jusqu'à ce qu'elle fût terminée, & n'en partit pour revenir vers Paris que le 19. Septembre.

Comme j'avois deux mille écus de pension du Roi, outre mes gages du Conſeil, & que je ne devois pas renoncer à voir l'effet des promeſſes de M. de Luynes, je fis ce voyage, & m'étant trouvé logé à Tours près de M. le maréchal de Baſſompierre, qui tenoit une table que l'on pouvoit dire être l'une des plus grands Seigneurs de la Cour, puiſqu'elle en étoit toûjours pleine, il me fit l'honneur de me venir prier d'y aller toûjours, & m'en preſſa de telle ſorte, que n'y ayant pas un de ces Grands que je ne connuſſe ſi particuliérement, que je crois pouvoir dire qu'il n'y a perſonne en France de ma condition qui ait eu tant d'habitude & de familiarité avec eux, je ne pus refuſer une civilité ſi obligeante. C'étoient, outre leur qualité, des perſonnes d'un ſi grand mérite, que les uns rempliſſoient déja, & les autres ont rempli depuis les plus grandes charges de l'Etat, & commandé les armées. Ainſi il y avoit beaucoup à apprendre dans leur converſation, & rien n'eſt plus agréable que l'honnête liberté avec laquelle ils vivoient enſemble. On ne ſçavoit là ce que c'étoit que cérémonie, dont

dont la contrainte eſt inſupportable à ceux qui ſont nourris dans l'air du grand monde. Chacun ſe plaçoit où il ſe rencontroit. Ceux qui venoient le plus tard ne laiſſoient pas de ſe mettre à table, encore qu'il y eût déja longtemps que les autres y fuſſent. Quelque grande que fut cette bonne chere, on n'y parloit jamais de manger. De même que l'on étoit venu ſans ſe dire bonjour, on s'en alloit ſans dire adieu, les uns tôt, les autres plus tard, ſelon leurs affaires. Et on s'entretenoit ſur toutes ſortes de ſujets, non ſeulement agréablement mais utilement.

Comme il n'y avoit point d'homme en France qui ait ſervi le roi Henry le Grand dans toutes ſes guerres, & continué de ſervir S. M. avec plus de valeur, de fidélité & de zele que M. le marquis de Praſlin, S. M. crut ne devoir pas différer davantage à rendre juſtice à ſon mérite. Ainſi durant le ſéjour qu'elle fit à Tours, elle l'honora de la charge de Maréchal de France, dans laquelle il a continué juſqu'à ſa mort de la ſervir de telle ſorte & avec un tel deſintéreſſement, dans tant de guerres auſ-

queiles

quelles les différens partis formés dans un état, & particuliérement celui des Huguenots, ont donné sujet, que nul autre ne doit plus, que lui, être proposé pour exemple d'un homme véritablement passioné pour son Prince & pour sa Patrie.

J'estime qu'avant de passer outre dans la suite de cette narration, il ne sera pas mal à propos que je rapporte une chose assez remarquable, pour faire voir combien il importe que tout ce qui part de la main du Roi soit digne de lui. M. de Berulle, comme je l'ai dit, étoit celui qui négocioit de la part de S. M. auprès de la reine Mere: & lorsqu'un jour que le Roi étoit encore à S. Germain, il étoit prêt de partir pour Angoulême, M. Dageant me pria de faire la lettre que S. M. devoit copier de sa main pour écrire à la reine Mere. Je la fis, & comme M. de Berulle m'aimoit très-particuliérement, & avoit une entiére confiance en moi, lorsque dans ce séjour de Tours il me parloit de sa négociation qui duroit encore, il me dit qu'ayant presenté à la reine Mere l'une des derniéres lettres que S. M. lui avoit écri-

tes

tres de S. Germain, elle pleura après l'avoir saluë, dont étant fort surpris, il avoit demandé à S. M. s'il avoit été assez malheureux pour lui apporter une lettre qui l'eût tellement touchée. A quoi elle lui avoit répondu : « C'est „ tout le contraire. Car c'est de joie & non pas „ de douleur que je pleure, parce qu'ayant „ depuis mon éloignement reçû tant de lettres „ du Roi, voici la premiére que j'ai reçûë de „ mon fils. „ Comme je n'avois pas oublié ce que portoit cette lettre, je demandai à M. de Berulle si elle ne commençoit pas par, *Ainsi*. Il demeura fort étonné, & me dit : Ouï. Mais comment le pouvez-vous sçavoir ? Je le puis bien sçavoir, lui répondis-je, puisque je l'ai faite. Et sur cela il m'embrassa.

Il faut maintenant venir à M. Dageant qui s'étoit vû en si grand crédit, qu'il sembloit n'avoir rien à craindre. Mais Messieurs de Chaulnes & de Luxembourg étant mal satisfaits de lui, dans la créance qu'il n'entroit pas assez dans leurs intérêts, & M. de Modene les fortifiant dans ce sentiment, ils pressérent de telle sorte M. de Luynes de l'éloigner, qu'enfin

fin ils le lui persuadérent. Sa résolution étant prise, M. de Luxembourg me dit au Plessis près de Tours, où le Roi logeoit, que M. de Luynes m'attendoit dans la Galerie pour me parler. J'y allai, & étant seul avec lui, il me fit un discours de plus d'une heure, dont la substance étoit, que je sçavois qu'il n'avoit connu que par moi M. Dageant, qu'il n'ignoroit pas qu'outre cette obligation qu'il m'avoit d'avoir été ainsi cause de sa fortune, il m'avoit encore celle d'avoir fait par affection pour lui les dépêches importantes qui lui avoient acquis le plus de réputation : Qu'il n'en avoit pas eu néanmoins la reconnoissance qu'il devoit, n'ayant pensé qu'à son établissement, & non pas au mien : Que je n'étois pas le seul qui avoit sujet d'être mécontent de lui, puisqu'il avoit si mal vêcu avec tous ses proches, que ne pouvant résister davantage aux plaintes qu'ils lui en faisoient, & pour avoir la paix dans sa famille, il se trouvoit obligé de l'éloigner : Qu'il me prioit de le lui dire ; & il m'assûra que s'il n'avoit pas fait jusqu'alors tout ce que je devois attendre de nôtre ancienne amitié, j'en

ressentirois

ressentirois des effets à l'avenir. A quoi il ajouta toutes sortes de témoignages d'estime pour moi.

L'on a pû voir par ce que j'ai rapporté ci-dessus de M. Dageant, jusqu'à quel point j'étois mécontent de lui:mais ne trouvant rien de plus lâche que de le témoigner dans sa disgrace, & ayant toûjours eû pour maxime qu'il faut même respecter les ombres de l'amitié, je me résolus d'ensévelir cela avec honneur. Ainsi au lieu de vouloir tirer avantage de ce discours de M. de Luynes, qui m'étoit si favorable, & quoique ce qu'il m'avoit dit touchant ces dépêches, dont j'avois soulagé M. Dageant, fût véritable, je lui répondis que M. Dageant ne m'avoit d'autre obligation que celle de le lui avoir fait connoître, je lui representai les services qu'il lui avoit rendus, & n'oubliai rien pour lui faire voir combien il lui importoit de le traiter favorablement. Ne pouvant donc le détourner de la résolution qu'il avoit prise de l'éloigner, je plaidai tellement sa cause que je tirai parole de M. de Luynes de lui faire conserver quinze mille livres par an de gratification

fication du Roi : ſurquoi M. de Luxembourg me dit après, que M. de Luynes ne pouvoit aſſez admirer la généroſité avec laquelle j'avois agi en cette rencontre, ſçachant, comme il le ſçavoit, les mécontentemens que j'avois de M. Dageant.

Il parut bien que Monſieur Dageant n'avoit guéres ſongé durant ſa faveur à faire des amis ; car je ne crois pas que jamais homme ſe ſoit vû plus abandonné dans ſa diſgrace, & je ne me ſouviens point, qu'excepté moi, il ſe ſoit vû aſſiſté de qui que ce fût ; ſon abattement fut extrême, lorſque je lui portai cette nouvelle. Et il ſe retira enſuite en Dauphiné, d'où il étoit originaire, pour y exercer la charge de premier Preſident en la Chambre des Comptes de Grenoble, dont il avoit été pourvû durant ſa faveur, & qu'il a gardée juſqu'à ſa mort.

Dans la ſuite de ce même ſéjour du Roy à Tours, étant un matin à ſon lever pour faire ma cour, en quoi j'avois dautant plus de facilité, que j'ai cette obligation à la mémoire de Sa Majeſté, que je ne me ſuis jamais preſenté

à la

à la porte de ſa chambre ou de ſon cabinet, qu'elle ne m'ait été ouverte, Monſieur de Luxembourg me vint dire : « Je vous apprens » une nouvelle, c'eſt que Monſieur le comte » de Schomberg eſt Surintendant des Finan» ces, au lieu de M. le préſident Jeannin : » mais j'ai ſur cela une autre choſe à vous » dire, c'eſt qu'il a une telle eſtime pour vous, » qu'il deſire avec paſſion que vous vouliez » bien accepter le principal emploi auprès de » lui pour le ſoulager en cette charge, dans » laquelle il veut prendre une entiére confiance » en vous, & M. de Luynes vous en prie. »

Comme ce traité avoit été extrêmement ſecret, & qu'ainſi je n'en avois rien ſçû, je répondis à Monſieur de Luxembourg : Monſieur, vous me ſurprenez, je n'ai jamais eu la penſée de m'attacher auprès de perſonne, mais ſeulement de ſervir le Roy dans les charges dont il me jugeroit capable. « Au nom de » Dieu, répartit M. de Luxembourg, ne re» fuſez pas cet emploi, qui vous eſt offert » d'une maniére ſi honorable, & qui ne ſçau-

» roit

„ roit ne vous point servir dans vos justes pré„ tentions. Vous désobligeriez M. de Luynes, „ & M. de Schomberg vous attend dans sa „ chambre avec impatience, que vous vous „ résolviez d'accepter ce qu'il vous offre „. Ne voyant plus [illegible] apparence de résister à une instance [illegible], je dis à M. de Luxembourg [illegible] tout ce qu'il voudroit. Il me [illegible] à la chambre de M. de Luynes qui étoit [illegible] contre celle du Roy, où M. de Schomberg [illegible] parla d'une maniére si obligeante, que je n'eus qu'à le remercier de l'opinion trop avantageuse qu'il avoit de moi. Mais après l'avoir quitté, je retournai aussitôt lui dire ces mêmes mots : “ Monsieur, „ nôtre marché a été bien-tôt fait ; mais per„ mettez-moi, s'il vous plaît, de vous dire, que „ si vous n'êtes pas résolu de vivre dans cette „ charge avec un entier desintéressement, nous „ ne nous sommes pas propres. Je vous pro„ mets, me répondit-il, qu'avec la grace de „ Dieu si un Ange étoit en ma place, il ne „ se conserveroit pas les mains plus pures que „ seront les miennes, & que je n'ai point

„ d'autre

„ d'autre passion que de servir très-fidelle-„ ment le Roi & l'Etat „. En quoi il m'a tenu parole, comme toute la France le sçait.

M. d'Effiat étant celui qui avoit négocié la démission de M. le president Jeannin de la Surintendance entre les mains de Monsieur de Schomberg, lorsqu'il sçut qu'il m'avoit choisi de la sorte que je viens de dire, pour servir le Roi auprès de lui, il lui dit qu'il croyoit qu'il trouveroit à propos de nous remettre bien M. de Castille & moi. Monsieur de Schomberg nous en parla ensuite à tous deux, & nous avons depuis vêcu ensemble fort civilement.

Incontinent après, M. le colonel d'Ornane crut avoir tant de sujets d'être mécontent de M. de Luynes, qu'il partit de Tours & s'en alla à Paris mal satisfait de M. de Luynes, qui jugeant que cela lui étoit désavantageux, parce qu'il lui avoit de l'obligation, il m'envoya dire par M. de Modene, que, comme il sçavoit que j'avois plus de pouvoir sur lui que qui que ce fût, il me prioit de lui écrire pour lui persuader de revenir à la Cour. Je répondis que je ne le pouvois, parce que je sçavois les ſujets de mécontentement qu'il avoit ; & qu'il étoit juſte que ce fût par des effets, plûtôt que par des paroles, que M. de Luynes lui témoignât ſon affection. Monſieur de Luynes connut par cette réponſe, qu'il devoit ſe réſoudre ou à rompre entiérement avec M. le Colonel, ou à lui donner des marques effectives de ſon amitié.

La Cour étant partie enſuite de Tours pour revenir à Paris, après le traité d'Angoulême achevé, & l'entrevûë du Roy & de la Reine à Couſiers, le Roi reçut en chemin la nouvelle de la mort de M. le comte du Lude, gouverneur de Monſieur. Je pris ce temps pour faire inſtance ſur le ſujet de Monſieur le Colonel, & lui écrivis ſans dire pourquoi, de ſe hâter de revenir. Il partit à l'inſtant, & cependant le Roy lui donna cette charge. J'en dreſſai moi-même les proviſions, le Roi étant à Chartres, en des termes très-honorables pour M. le Colonel, je les laiſſai à M. de Modene pour les ſceller, & ayant pris la poſte pour m'en venir à Paris, je rencontrai en chemin M. le Colonel, & le ſaluai en qualité de Gouverneur de Monſieur,

Monsieur, dont il ne fut pas peu surpris.

Monsieur le Prince sortit le 20. Octobre de la même année de sa prison du bois de Vincennes, & s'attacha entiérement aux intérêts de M. de Luynes.

En l'année suivante 1620. s'éleva ce grand parti de la reine Mere, dont j'ai parlé, & dans lequel M. le comte de Soissons, Prince du sang, & tant d'autres Princes & de Grands entrérent, par la haine que l'on portoit à M. de Luynes, que le Roi ne sçavoit de quel côté il devoit le plûtôt marcher. Enfin il résolut, comme je l'ai dit, d'aller en Normandie, où sa présence fit que M. de Longueville se trouva abandonné de quantité de noblesse qu'il avoit déja assemblée: & ayant ensuite pris le château de Caën le 17. Juillet, & dissipé au Pont de Cé le 7. d'Août ce que la reine Mere avoit de troupes auprès d'elle, la paix se fit deux jours après. Leurs Majestez se virent à Brissac le 13. de ce même mois, & le Roi alla de-là à Poitiers.

Je ne puis passer plus avant, sans parler de l'une des plus heureuses rencontres de ma vie. Monsieur l'évêque d'Aire, frere de M. de Bouthillier,

thillier, homme de très-grande vertu, de très-grand mérite, & qui étoit mon ami à un tel point, que je crois pouvoir dire avec vérité qu'il n'aimoit perſonne plus que moi, m'avoit ſouvent dit que ſi M. de S. Cyran & moi, nous nous trouvions jamais en même lieu, il me feroit un preſent ſans prix en me le donnant pour ami. Cette occaſion ſe rencontra à Poitiers, où M. de S. Cyran étoit alors. Monſieur d'Aire nous prit tous deux par la main; dit à M. de S. Cyran, à qui il avoit ſouvent parlé de moi: " Voilà Monſieur d'Andilly, voilà „ Monſieur de S. Cyran „, me dit-il auſſi. Il s'en alla enſuite pour nous laiſſer ſeuls, & ce peu de paroles ſuffiſant pour nous unir, notre amitié commença dès ce moment, & a continué juſques à ſa mort d'être ſi parfaite, qu'il ne peut y en avoir une plus grande dans le monde. Il ſeroit inutile d'ajoûter quelle étoit l'éminence de l'eſprit & de la piété de ce grand perſonnage, que l'on peut nommer ſans flaterie l'une des plus brillantes lumiéres qui depuis pluſieurs ſiécles ait éclairé l'Egliſe, par le zéle ſi ardent qu'il avoit pour elle, & par ſes admirables

admirables écrits, qui font voir qu'il s'étoit tellement nourri de la doctrine & des maximes tout évangéliques des saints Peres, qu'elles lui étoient devenuës comme naturelles.

De Poitiers, le Roi alla à Bourdeaux, & ensuite en Bearn, ou M. de la Salle gouverneur de Navarrins, qui est la seule place forte de cette Province, & qui avoit toûjours été jusqu'alors entre les mains des Huguenots, la remit en celles du Roy. Sa Majesté y alla, & en donna le gouvernement à M. le marquis de Poyanne, gouverneur d'Acqs, qui étoit un homme de grand mérite, fort de mes amis, & dont l'estime étoit si génerale, que les principaux de la Cour qui avoient accompagné le Roi étant dans l'attente du choix que feroit Sa Majesté, lui donnoient leurs voix, & M. le Cardinal de la Valette dit fort agréablement: *Qu'il eût voulu avoir celle de M. d'Espesse, afin de lui en donner plusieurs;* parce que M. d'Espesse avoit divers tons de voix.

Le Roi revint à Paris, y arriva en poste le 7. Novembre de cette année 1620. & y trouva la reine Mere.

 En

En l'année suivante 1621. le Roy sçachant que les Huguenots se fortifioient extrêmement de tous côtés, & particuliérement en Guyenne & en Languedoc, il résolut principalement, par l'avis de M. le Prince, de M. le cardinal de Retz, & de M. l'archevêque de Sens, frere de M. le cardinal du Perron, d'employer toutes ses forces pour attaquer un parti si redoutable, qu'il partageoit avec lui une grande partie de ses Provinces Et M. le Prince persuada au Roy de faire M. de Luynes Connêtable. Ainsi Sa Majesté partit de Paris sur la fin d'Avril, & alla à Tours, où elle arriva le 8. May, dans le dessein de tâcher de tirer Saumur d'entre les mains de M. du Plessis-Mornay qui en étoit gouverneur, quoique l'on ne crût pas qu'il se pût résoudre à le rendre. Il le fit néanmoins, & ce premier coup de bonheur fit bien espérer des suites. Le 31. May, le Roi assiégea S. Jean d'Angely, qui se rendit le 26. Juin, & marcha ensuite vers la Guyenne,

Il me seroit facile de m'étendre beauçoup davantage sur l'histoire de ce temps-là, parce que j'ai un journal très-exact que j'ai fait de

tout

tout ce qui en eſt venu à ma connoiſſance. Mais comme je n'ai autre deſſein dans ce mémoire que ce qui me regarde & ma famille, je me contente de ce qui peut ſervir à mieux faire comprendre les choſes que j'en rapporte. Ainſi parce que l'on verra dans la ſuite la conſidération que M. le duc d'Eſpernon témoigna en de certains temps d'avoir pour moi, je me trouve obligé de dire de quelle ſorte cela arriva.

Le Roy venant de partir de Cognac, qui étoit du gouvernement de M. d'Eſpernon, lorſque j'allois monter à cheval, M. de Huron, qui étoit fort ſerviteur de M. d'Eſpernon, me vint trouver, & me dit de ne partir pas encore, parce que M. d'Eſpernon vouloit me venir voir auſſi-tôt qu'il auroit dîné, ſur ce que M. l'archevêque de Sens, qui étoit ſon ami très-particulier, lui avoit parlé de moi d'une telle ſorte qu'il vouloit être de mes amis; je m'en allai auſſi-tôt avec M. de Huron chez M. d'Eſpernon, qui dînoit en très-grande compagnie; & dès qu'il me vit entrer, il ſe leva de table, & me dit en des termes les plus obligeans du monde, qu'il deſiroit que je fuſſe de ſes amis. Il continua à me traiter de la même maniére, comme on le verra dans la ſuite, juſqu'au voyage qu'il fit à la Cour après la diſgrace de Monſieur de Schomberg, dont je parlerai en ſon lieu.

De Cognac, le Roy continuant ſon chemin arriva en Guyenne, alla à Tonnins dont on lui avoit apporté les clefs, envoya reconnoître Clerac par M. le maréchal de Leſdiguiéres, & commanda à M. de Schomberg de faire la charge de Grand-Maître de l'Artillerie, en l'abſence de M. le marquis de Roſny. La Reine régnante vint de Bourdeaux à Tonnins, & eut le plaiſir avec toute la Cour de voir de deſſus une colline tirer en un ſeul jour contre Clerac neuf mille coups de Canon de batterie. Cette place, après s'être bien défenduë, & enſuite de douze jours de ſiége, ſe rendit le 5. Août, & l'on croit que l'on y auroit trouvé les clefs de pluſieurs autres, & même de Montauban, ſi la capitulation eût été religieuſemet obſervée. Mais Monſieur de Luynes ſouffrit devant ſes yeux qu'on la violât, ſans en faire faire la juſtice que méritoit une ſi mauvaiſe action.

Ce

ce qui fit résoudre les autres places à tenir jusqu'à l'extrémité.

Le Roi se rendit ensuite maître de quelques-unes moins considérables, & résolut après d'attaquer Montauban, où M. de la Force s'étoit enfermé avec ses enfans. Ce siége qui commença le 17. Août, & fut levé le 17. Novembre de cette année 1621. est si fameux, que personne n'en ignore les principaux événemens, tels que sont ceux de cette célebre attaque de Villebourbon, où tant de gens de qualité furent tués : le secours amené par Beaufort, dont une partie entra dans la place, & lui fut pris avec le reste ; & la mort de M. du Maine tué d'une mousquetade, dont le coup après avoir percé le chapeau de M. de Schomberg qui parloit à lui, lui donna dans la tête.

La charge de grand Maître de l'artillerie obligeant pendant ce siége M. le comte de Schomberg à ne bouger du camp, il m'avoit laissé au château de Piquecos auprès du Roi, où j'ouvrois les dépêches qui lui étoient adressées touchant les Finances, faisois rapport de quelques-unes au Conseil, & lui en allois rendre compte dans le camp.

Comme

Comme tous les officiers de la maiſon du Roi m'aimoient fort, un fourier du corps trouva moyen de me loger dans ce château de Piquecos où logeoit le Roi. Ainſi n'ayant point de peine à me retirer le ſoir de même que tous ceux de la Cour qui étoient logés dans de méchans hameaux, environnés de tant de malades, & en ſi mauvais air que pluſieurs y moururent, entre leſquels furent M. l'archevêque de Sens, Meſſieurs de Sceaux, & de Pontchartrain, j'étois tous les jours fort tard chez le Roi; & un ſoir entr'autres ſur le minuit, n'y ayant plus, excepté les domeſtiques, perſonne dans la chambre de M. de Luynes que M. le cardinal de Rets qui logeoit dans le château, M. de Luynes voulut joüer un tour ou deux de trictrac avec lui; & comme il eut pris le cornet pour jetter le dez, & que je m'en allois, il ſe tourna vers moi, & me dit: « M. „ d'Andilly, que diriez-vous de ce qu'un hom- „ me de qualité m'a dit aujourd'hui, que vous „ n'étiez point de mes amis? „ Ce diſcours d'un favori auſſi puiſſant qu'il étoit, ſembloit aſſez embarraſſant. Mais il en fut par la ſuite auſſi

aussi embarrassé que moi. Car je lui repartis: « Monseigneur, que lui avez-vous répondu? » Cette parole le surprit, & il repliqua; « Que „ lui aurois-je répondu? Vous pouviez, „ Monseigneur: lui répondre que si vous „ aviez fait un mémoire de vos amis & de vos „ serviteurs, je m'y serois trouvé en tête, & „ que tant de personnes qui ont passé de- „ vant moi seroient demeurées derriére. „ Il demeura si surpris de cette réponse, qu'il ne dit plus un seul mot, jetta le dez, & baissa son chapeau. M. le cardinal de Rets qui me faisoit l'honneur de m'aimer extrêmement baissa aussi le sien, pour ne pas laisser voir sur son visage combien ma réponse lui avoit plû. Je m'en allai, & n'ai jamais vû depuis M. de Luynes, parce que je tombai aussi-tôt malade à la mort de ces maladies de pourpre dont tant d'autres moururent, & que lui-même mourut peu de temps après, comme je le dirai dans la suite.

Puisque ce mémoire tend principalement à donner quelques exemples & quelques instructions à mes petits enfans, je crois devoir

marquer

marquer ici une chose qui prouvera combien il importe de faire des amis de toutes sortes de conditions. J'ai déja dit comme l'affection que ce fourier du corps avoit pour moi, fut cause qu'étant logé dans le château où étoit le Roi, je me trouvai dans un air beaucoup moins corrompu que les autres : mais j'avois besoin d'un excellent médecin dans une si extrême maladie, & le grand nombre de personnes de qualité qui étoient malades, faisoit qu'il étoit très-difficile d'en avoir. Me trouvant en cet état, un médecin du Roi, nommé M. le Mire, s'enferma dans ma chambre, sans que qui que ce soit eût le crédit de l'en tirer, quelque instance qu'on lui fit. Il ne se contenta pas de ne me point quitter jusqu'à ce que je fusse hors de péril : mais après le siége de Montauban levé, il me conduisit à Toulouse, & continua toûjours de demeurer auprès moi, jusqu'à ce que je n'eusse plus du tout besoin de son assistance. En quoi il fit bien voir que c'étoit par pure amitié & par pure générosité, puisqu'il fut hors de mon pouvoir, quelque instance que je lui en fisse, de lui faire recevoir aucun present, présent. Il ne vêcut pas plus de deux ans après ; & tout ce que je puis pour me ressentir d'une telle obligation, est de la publier, & de prier Dieu qu'il l'en récompense dans le Ciel.

Il y avoit déja alors quelque temps que M. le cardinal de la Valette commençoit à avoir pour moi l'amitié dont il m'a si constamment honoré jusqu'à la mort. Il voulut dans cette maladie m'en donner une preuve si particuliére, que je ne pourrois sans ingratitude ne point témoigner combien j'en conserve le ressentiment. Car sçachant que j'avois le pourpre, il dit : Je veux faire voir à M. d'Andilly combien je l'aime. Il me vint visiter ensuite, & m'embrassa d'une maniére qui m'est toûjours depuis demeurée dans l'esprit.

Le Roi étant parti de Toulouse pour reprendre le chemin de Paris, fit en s'en retournant le siége de Monseur, où M. le connêtable de Luynes mourut. Que s'il ne m'a pas donné sujet de me loüer de lui, je ne sçaurois au contraire trop me loüer de l'affection si obligeante dont M. de Luynes son fils m'honore.

Sa Majesté étant à Poitiers arrêta l'état des pensions,

pensions, n'y ayant que M. de Schomberg & moi avec elle dans son cabinet. Je connus alors combien il seroit à désirer que ceux qui approchent les Rois prissent soin de rendre office aux personnes de mérite. Car comme Sa Majesté rayoit volontiers plusieurs de ces pensions, je fus cause qu'elle en conserva un assez grand nombre qu'elle auroit rayé, en lui représentant les services de ceux qui les avoient. Sur quoi M. de Schomberg eut la bonté de lui dire. Il les connoît, Sire, mieux que moi, & Sa Majesté me fit l'honneur de n'en pas retrancher une seule de toutes celles dont je lui rendis témoignage.

Elle y ajoûta même en diverses rencontres celui d'en accorder de nouvelles à des personnes dont je prenois la liberté de lui dire le mérite. Et je puis en passant remarquer sur ce sujet que durant les trois années 1620. 1621. & 1622. que commença & dura cette grande guerre contre les Huguenots, & que le Roi fut continuellement en campagne, mon plus grand plaisir étoit de tirer de bonnes assignations pour le payement des pensions de personnes

ſonnes de mérite, que je connoiſſois très-particuliérement, & de les leur envoyer par la poſte juſques chez eux, lorſqu'ils y penſoient le moins; n'y ayant rien, ce me ſemble, plus agréable que de traiter ainſi les autres, comme on voudroit l'être ſoi-même. Et je n'ai jamais manqué, graces à Dieu, de ſervir de même mes amis dans toutes les occaſions que j'en ai pû rencontrer.

Le Roi ne fut de retour à Paris que le 28. Janvier de l'année ſuivante 1622.

La premiére choſe remarquable de la longue campagne de cette année 1622. qui ne finit que dans le commencement de l'année ſuivante 1623. fut la defaite à Riez des troupes de M. de Soubiſe, frere de M. de Rohan, le 16. Avril, où plus de quatre mille hommes du parti huguenot furent tués ou faits priſonniers, & où le feu Roi témoigna tant de réſolution, que pour les aller attaquer il paſſa un bras de mer à baſſe marée qu'il ne pouvoit plus repaſſer quand la marée fut revenuë, & qui le mit en néceſſité de mourir ou de vaincre. M. Arnauld depuis gouverneur du Fort Loüis

étoit

étoit l'un de ceux que dans cette occasion Sa Majesté fit l'honneur de choisir pour combattre auprès d'elle.

Ensuite de la défaite de Riez, le Roi assiégea & prit Royan, où M. le marquis de Senecçay reçût en faisant la charge de maréchal de camp cette blessûre à la cuisse, dont il est mort, comme je le dirai en son lieu.

De Royan le Roi alla à sainte Foi, où M. de la Force fit son traité avec Sa Majesté, lui remit cette place entre les mains avec Montflanquin & Tournon, & fut fait maréchal de France.

Sa Majesté prit ensuite Negrepelisse & S. Antonin, & après avoir été à Toulouse & à Narbonne, se rendit à Besiers, où elle demeura depuis le 18. Juillet jusqu'au 11. d'Août.

J'y trouvai de mes parens proches qui y étoient en fort grande considération. Car M. Marion puîné de M. l'Avocat Général Marion mon ayeul s'étant établi en Languedoc y avoit épousé une femme de fort bonne maison, qui vivoit encore, & sentoit bien le lieu d'où elle venoit.

venoit. Il avoit laissé à son fils aîné, outre la baronie de Praignes & autres belles terres, la charge de President des Tresoriers de France de cette Province, & avoit marié ses filles à des personnes de qualité. Ils ne témoignérent pas peu de joie de me voir.

Sa Majesté étant audit Besiers, y résolut le siége de Montpellier, & dès le 16. Juillet elle avoit envoyé l'ordre du S. Esprit à M. le maréchal de l'Esdiguiéres qui s'étoit fait catholique, & les provisions de la charge de Connêtable, dont étant venu trouver le Roi il fit le serment entre ses mains le 28. Août 1622. Durant ce séjour de S. M. à Besiers elle me fit l'honneur de me faire dire par le P. Segueran son Confesseur, qu'elle avoit jetté les yeux sur moi pour la charge de Secretaire d'état qu'avoit eu M. de Sceaux en donnant cent mille livres de récompense à ses héritiers. Sur quoi bien que ce soit la seule chose que j'aye jamais desirée, celle des Finances étant éloignée de mon humeur, & ayant, je puis dire, fait de grands travaux pour m'en rendre capable: néanmoins considérant que c'étoit une si grande ſomme, qu'elle pouvoit ruiner ma famille, ſi je venois à mourir comme je m'en étois vû ſi proche l'année précedente, je répondis au P. Seguerań que le Roi me faiſoit un grand honneur : mais que ſes affaires ne lui permettant pas de me donner purement cette charge, je ne pouvois me réſoudre à l'acheter ſi cherement. M. d'Ecquerain couſin germain de M. de Sceaux en fut depuis pourvû le 12. Septembre durant le ſiége de Montpellier.

Les ſuites ont fait voir que je fis une grande faute. Mais on la doit pardonner en ce qu'étant venu à la Cour ſous le regne de Henry le Grand, j'avois été nourri dans la créance qu'il ſuffiſoit de travailler à ſe rendre digne des charges, pour eſperer, comme autrefois, de les obtenir ſans argent.

Il n'y a pas ſujet de s'étonner que le Roi me fit l'honneur d'avoir pour moi une penſée ſi favorable. Il me connoiſſoit dès ſon enfance, ne pouvoit douter de ma fidelité, étoit demeuré ſatisfait de moi dans les emplois que j'avois eu, & étoit perſuadé que je n'étois pas incapable de ſervir dans cette charge. D'ailleurs

M.

M. le Prince me témoignoit alors toute la bonne volonté du monde, & faisoit connoître publiquement avoir plus d'estime de moi que je ne méritois. M. le cardinal de Rets qui étoit alors après lui la premiére personne du Conseil, & qui m'honoroit comme je l'ai dit, d'une amitié très-particuliére, me rendoit auprès de Sa Majesté toutes sortes de bons offices. M. de Vic qui avoit succédé à M. du Vair en la charge de Garde des Sceaux m'aimoit beaucoup. Il étoit de l'avantage de M. de Schomberg d'avoir en cette place une personne qui lui fût aussi acquise que je l'étois. M. de Puisieux premier secrétaire d'Etat avoit, outre l'alliance, une amitié pour moi qu'il a conservée jusqu'à sa mort, & je n'avois plus pour obstacle M. le connêtable de Luynes qui avoit toûjours reculé ma fortune, quelque sujet qu'il eût du contraire, dont je ne pouvois attribuer la cause qu'à ce que mon humeur ne lui étoit pas propre, parce que les favoris ne veulent pour la plûpart que des esclaves qui embrassent aveuglement leurs intérêts si contraires le plus souvent à ceux de leurs Maîtres, qui sont ceux que les gens de bien & de cœur ont continuellement devant les yeux.

Je crois devoir remarquer ici, parce qu'il importe pour la suite, une chose qui se passa durant le sejour du Roi à Besiers. Comme il faisoit une extrême chaleur, & que tout le monde se baignoit, un soir que je me r'habillois au sortir de l'eau, M. le cardinal de Retz & M. de Schomberg qui, outre l'alliance, avoient beaucoup d'amitié l'un pour l'autre, se promenant ensemble à cheval, vinrent à moi, & M. de Schomberg dit à M. le cardinal de Retz " Monsieur, prêtez-moi, s'il vous plaît, „ M. d'Andilly, afin que je l'entretienne, mes „ occupations, quand je suis dans le cabinet, „ ne m'en donnant pas le loisir. „

M. le cardinal de Retz s'en alla d'un autre côté, & je me promenai long-temps à cheval avec M. de Schomberg. Dans cet entretien où il me parla de plusieurs choses importantes, je lui dis que je le suppliois de me permettre de lui demander, comment il ne pensoit point da-

vantage

vantage qu'il ne failoit à s'acquerir des amis : „ & comment, me répondit-il, en pourrois-je „ faire, ne songeant, comme vous le sçavez, „ qu'à servir le Roi, & ne voulant obliger „ personne à ses dépens ? Vous pourriez au con- „ traire, ce me semble, Monsieur, servir très- „ bien le Roi, & tout ensemble vous faire grand „ nombre d'amis. Et de quelle sorte, me repli- „ qua-t-il, cela se pourroit-il faire? Vous n'avez, „ Monsieur, lui dis-je, qu'à remarquer sur l'é- „ tat des pensions qui sont les hommes de tout „ le Royaume qui ont le plus de mérite, & „ qui peuvent par leurs charges dans les Pro- „ vinces, ou par leurs emplois dans les armées „ le plus utilement servir le Roi, & en pre- „ nant soin de les faire bien payer de leurs „ pensions & de leurs appointemens, sans „ qu'ils ayent besoin de vous en solliciter, & „ en leur rendant de bons offices auprès de Sa „ Majesté dans les occasions, vous ne vous „ les acquererez pas seulement pour amis, „ mais vous servirez très-utilement le Roi, „ parce que vous leur augmenterez par ce „ moyen l'affection & le désir de le bien servir :

„ & pour vous faire voir, Monſieur, que cela „ vous eſt très-aiſé, c'eſt que ne pouvant rien „ en comparaiſon de vous, je m'acquiers quan„tité d'amis qu'il vous ſeroit très-facile de ren„dre les vôtres. „ M. de Schomberg reçut très-bien cet avis, mais il n'en fit pas l'uſage qu'il auroit pû faire, comme ce Mémoire fera voir qu'il l'a reconnu trop tard.

Peu de jours après ce que je viens de rapporter, M. le cardinal de Retz tomba malade, & mourut en ce même lieu de Beſiers le 13. Août. Il fut regretté avec ſujet généralement de tout le monde, & j'y perdis beaucoup en mon particulier. C'étoit un homme très-ſage, très-judicieux, très-deſintéreſſé, très-zelé pour la Religion, pour le ſervice du Roi, & pour l'état, très-moderé, très-doux, très-civil, de très-facile accès, & ſi bien-faiſant, que ne faiſant jamais de mal à perſonne, il rendoit toutes ſortes de bons offices aux gens de mérite, & étoit en tout ce qui dépendoit de lui la conſolation de ceux qui avoient ſujet de ſe plaindre de leur mauvaiſe fortune,

principalement

principalement durant la vie de M. le connêtable de Luynes.

Le Roi s'attacha ensuite au siége de Montpellier, dont chacun sçait quelles furent les difficultés, & qui ne fut maître de cette place que par la paix faite avec les Huguenots dont M. le duc de Rohan étoit le chef.

J'étois alors si bien dans l'esprit de Sa Majesté, que M. le Prince & M. de Schomberg me chargeoient de lui parler comme de moi-même sur des sujets très-importans, & elle le recevoit si bien qu'ils me témoignoient être satisfaits de ma conduite.

M. le Garde des Sceaux de Vic étant mort à Pignan le premier Septembre, le Roi donna les Sceaux à M. de Caumartin, & j'ai cette obligation à sa mémoire qu'aussi-tôt qu'il fut en charge, il dit au Roi, qu'il n'appréhendoit point d'être surpris en ce qui regardoit les Finances, parce que dans l'entiére confiance qu'il pouvoit prendre en moi, il ne scelleroit rien d'important sur ce sujet sans me demander avant, s'il n'y avoit point de difficulté : &

 il

il est certain que l'on ne peut être guéres mieux à la Cour, que j'y étois ; mais j'en étois, graces à Dieu, fort peu touché.

Ce fut principalement M. de Bassompierre & M. de Puisieux qui travaillérent à faire M. de Caumartin Garde des Sceaux. Car M. le Prince & M. de Schomberg desiroient M. d'Aligre : sur quoi je pourrois en cet endroit comme en plusieurs autres, rapporter plusieurs choses particuliéres dont j'ai eu connoissance, si je n'avois résolu de ne parler dans ce Mémoire que de celles qui sont relatives à ce qui me touche.

Je fis alors deux grandes pertes, dont la premiére fut M. Zamet, & comme sa mémoire m'est toûjours presente, & me le sera jusqu'à la mort, je ne sçaurois ne point parler de lui plus au long, que ce Mémoire ne semble le desirer.

Personne ne l'ayant plus connu que moi, je puis dire sans crainte, que c'étoit un homme si extraordinaire, qu'il n'y avoit point d'emplois & de charges dont il ne pût être honoré avec le temps, si l'on eût rendu justice à son mérite. On voit beaucoup de gens qui ont de l'esprit.

l'eſprit. On en voit beaucoup plus qui ont du cœur ; & il s'en rencontre aſſez qui ont beaucoup d'eſprit & de cœur tout enſemble. Mais quoique durant le long-temps que j'ai paſſé dans le monde & à la Cour, il n'y ait guéres eu de perſonnes éminentes en mérite que je n'aye connuës, je n'ai rien vû de plus rare que d'en trouver qui euſſent outre l'eſprit & le cœur, cette grandeur d'ame qui s'étend à tout, qui fait qu'on s'éleve au-deſſus des intérêts qui aveuglent preſque tous les hommes : que l'on ne penſe qu'à remplir tous ſes devoirs envers Dieu, ſon Prince, ſa patrie, ſes amis ; que l'on triomphe également de la bonne & de la mauvaiſe fortune, en ne ſe laiſſant ni éblouïr par l'une, ni abattre par l'autre, & enfin que l'on ne ſe propoſe jamais rien que de loüable, & de juſte & de noble. Cet aſſemblage de tant de rares qualités, eſt, à mon avis, ce que l'on peut appeller une grande ame ; & c'eſt ce que j'ai remarqué dans M. Zamet. Sa piété envers Dieu, ſon courage dans les périls, & ſa capacité dans la guerre & dans les affaires l'avoient mis dans une aſſiette d'eſ-

prit,

prit, que rien n'étoit capable d'ébranler ; & quelque grande que fût son ambition, elle étoit soutenuë par tant de vertus, & se proposoit une fin si glorieuse, autant selon Dieu que selon les hommes, que l'on ne pouvoit y rien trouver à redire. Il avoit été Mestre de Camp du regiment de Picardie, qui est le premier après celui des Gardes : il avoit reçû une grande blessure au siége de Montauban, où il avoit admirablement bien servi. Le Roy l'avoit fait ensuite Maréchal de camp, qui étoit alors une charge si considérable, qu'elle mettoit en état de prétendre à celle de maréchal de France. Lorsque Sa Majesté eut pris la résolution d'assiéger Montpellier, elle l'envoya devant avec un corps de cavalerie de ses meilleures troupes : il marcha avec une telle discipline, qu'on le recevoit comme en triomphe dans toutes les villes; & dans un combat qu'il fit à une lieuë de Montpellier, ayant attaqué avec trois cens chevaux un régiment de cinq cens hommes, il en tua plus de trois cens, & fit des prisonniers. Mais une violente maladie le mit ensuite en tel état, que le Roy arrivant à Pezenas,

nas, lorsqu'à peine il se pouvoit encore soutenir, lui dit de se retirer dans quelque grande ville pour se guérir, & revenir ensuite au siége, il supplia Sa Majesté de l'en dispenser, ne bougea du camp, & ne perdit pas un moment dans ce grand siége, aussi-tôt qu'il se trouva en état de le pouvoir faire. Et sur ce que le Roi avoit eu la bonté de lui dire ce que je viens d'en rapporter, il me dit en confiance: « Ce n'est pas ici une occasion qui » permette de s'aller rafraichir. C'est une » guerre de Religion qui regarde Dieu, & » dans laquelle je m'estimerai trop heureux » de pouvoir laver mes pechés dans mon » sang ». Cette parole également chrétienne & généreuse fut accomplie; il fut blessé à la cuisse d'un coup de piéce de cinq livres de balle, dont l'ouverture etoit telle, qu'il ne resta aucune apparence qu'il en pût guérir. Il regarda cette horrible playe sans s'émouvoir, & vécut seulement cinq jours depuis avec de tels sentimens de piété, & une telle tranquilité d'esprit, que j'eus la consolation de ne pouvoir douter que Dieu ne lui fît miséricorde. Je passois

auprès

auprès de lui tout le temps que je pouvois dérober à mes occupations indiſpenſables, & il n'y eut point de jour qu'il ne me dît en m'embraſſant, & en me témoignant ſa joye de me voir auprès de lui : *Quel treſor c'eſt qu'un bon ami !* Il me donna par ſon teſtament, pour gage de ſon amitié, un grand tableau de Saint Jean dans le deſert, que j'ai donné à P. R. des Champs où il eſt encore, comme ne pouvant le mettre en un lieu plus digne de le conſerver.

Quelques temps après, & durant ce même ſiége, Monſieur de Schomberg fut malade à l'extrémité. Comme il croyoit mourir, il nous nomma M. de Contade & moi éxécuteurs de ſon teſtament, nous mit entre les mains les clefs de ſes caſſettes, & m'envoya dire au Roi que le plus grand ſervice qu'il lui pouvoit rendre en mourant, étoit de lui nommer M. le marquis de Seneçay pour ſon ſucceſſeur ; ce qui fut ſans doute une action fort honorable à ſa mémoire, mais Dieu lui conſerva la vie, & M. le marquis de Seneçay la perdit en même-temps, en la maniére que je le dirai. Ce fut

fut pour moi une nouvelle douleur qui me perça encore le cœur, parce qu'il me faiſoit l'honneur de m'aimer parfaitement, & que c'étoit auſſi, comme je l'ai dit de M. Zamet, un homme d'un mérite ſi extrordinaire, qu'il n'y avoit point de charge dans l'Etat qu'il ne pût remplir très-dignement, tant il avoit de piété, de courage, de capacité & de fidélité. Il avoit été bleſſé à Royan, comme je l'ai dit, dans un logement fait enſuite d'une mine, & les ennemis faiſant des efforts extraordinaires pour le reprendre, il s'opiniâtra d'y demeurer afin de le conſerver. Ainſi il ne fut pas panſé auſſi-tôt qu'il l'auroit fallu, & le ſiége de Saint Antonin s'étant fait enſuite, il voulut s'y trouver, & y agit tellement, quoiqu'il ne fût pas encore guéri, que ſa playe s'irrita, & le mit en tel état, qu'il fut contraint de quitter l'armée, & d'aller chez lui en Bourgogne. Le mal continuant toûjours à être fort grand, il vint à Lyon pour s'y faire viſiter, & ſon impatience de ſe trouver au ſiége de Montpellier, fit qu'il voulut qu'on mît le feu à ſa playe, dans la créance d'en guérir plûtôt. Mais ce reméde ne fit

fit qu'avancer ſa mort. J'ai parmi me papiers une relation de ce qui ſe paſſa, & qui fit voir quelle étoit ſon inſigne piété. Je puis dire de lui ſans flaterie, que nul autre de ſon temps n'avoit tout enſemble plus de vertus, & que je n'y ai remarqué aucun défaut.

Monſieur de Schomberg ne faiſoit que commencer à guérir de ſa maladie, & ne ſortoit point encore, lorſque cette nouvelle arriva à l'armée; & ſur les inſtances de M. le marquis de Ragny, il me charga d'aller trouver le Roi, pour le ſupplier de lui accorder par commiſſion l'exercice des charges de ſon Lieutenant en Bourgogne, & de gouverneur d'Auxonne, pendant le bas âge des enfans de M. de Seneçay, auſquels il ne doutoit point que Sa Majeſté ne les conſervât. Je demandai à M. de Schomberg ſi Madame la marquiſe de Seneçay y conſentoit, & il me dit qu'on l'avoit aſſûré qu'ouï. Je fus enſuite trouver le Roy, & en lui demandant cette grace pour M. le marquis de Ragny par l'ordre de M. de Schomberg, je lui dis en termes précis, qu'on l'avoit aſſûré que Madame de Seneçay le déſiroit. Sa Majeſté

Majesté l'accorda sans difficulté, & les commissions en furent expédiées.

Le siége de Montpellier, pendant lequel M. de Châtillon, qui avoit remis Aigues-Mortes entre les mains du Roi, & Monsieur de Bassompierre furent faits Maréchaux de France, ayant duré depuis le premier Septembre de ladite année 1622. jusqu'au 18. Octobre, la paix se fit; & M. de Rohan vint trouver le Roi au camp, ce jour-là. Sa Majesté fit son entrée à Montpellier le 20. de ce même mois, & en partit le 27. Monsieur le Prince qui n'étoit point content de la paix, étoit parti le 27. du même mois pour aller à Nôtre-Dame de Lorette.

Monsieur de Châteauneuf, depuis Garde des Sceaux, fut choisi par le Roi, pour porter à Thoulouse l'Edit de la paix, afin de le faire enregistrer. Comme il sçavoit que ce Parlement se rendroit très-difficilement en tout ce qui regardoit les Huguenots, à cause de la haine que l'on y avoit pour eux, il me vint trouver, & me dit qu'ayant appris que j'avois contracté une grande amitié avec M. de Bertier

de

de Montrave, depuis premier President en ce Parlement, & qui, bien que n'étant alors que second President, avoit beaucoup plus de crédit que nul autre en sa Compagnie, il me prioit de lui écrire très-fortement, pour l'assûrer que dans l'état où étoient alors les affaires, & dans l'impossibilité de prendre Montpellier de force, on n'avoit pû rien faire de plus avantageux pour la Religion, que ce Traité de paix; à quoi il ajoûta, que rien ne lui pourroit davantage servir dans le voyage, que ma lettre; puisque Monsieur de Montrave y ajoûteroit une entiére foi. Je fis ce qu'il desiroit, & il me dit à son retour, que cela avoit réüssi comme il se l'étoit promis.

Le Roy au sortir de Montpellier alla en Provence, & lorsque revenant de-là à Paris, il arriva à Lyon; la premiére chose que je fis fut de m'enquérir de Madame la marquise de Seneçay que je n'avois encore jamais vûë; j'appris qu'elle y étoit. Je la fus voir aussi-tôt. Comme elle avoit sçû de Monsieur son mari jusqu'à quel point il me faisoit l'honneur de m'aimer, & que son affliction étoit aussi grande

qu'elle

qu'elle pouvoit être, quels cris ne fit-elle pas en me voyant ? & lorsqu'ensuite de beaucoup de pleurs, je vins à lui parler de ses affaires, elle me dit qu'elles ne pouvoient être en plus mauvais état, parce que M. le marquis de Ragny ayant obtenu des commissions pour exercer les charges de Lieutenant de Roy en Bourgogne, & de gouverneur d'Auxonne, il lui seroit facile de se les approprier, à cause du bas âge de ses enfans, ce qui leur feroit perdre la considération qu'elles pourroient leur donner dans la province où étoit tout le bien de Monsieur de Seneçay. Jamais surprise ne fut plus grande, que la mienne. Je lui dis de quelle sorte la chose s'étoit passée, & allai en même-temps supplier M. de Schomberg, de faire que M. le marquis de Ragny voulût bien remettre ses commissions entre les mains de Madame de Seneçay. Il lui en parla : mais Monsieur le marquis de Ragny lui dit, que c'étoit une chose à quoi il ne se pouvoit resoudre, & que Madame de Seneçay n'avoit rien à craindre, puisque nul autre ne conser-

 veroit

veroit mieux que lui ces charges à ses enfans. L'affaire étant en ces termes, & Madame de Seneçay étant dans la douleur de voir ces charges dans des mains, dont elle croyoit ne ne pouvoir jamais les retirer ; je rencontrai en allant chez Monsieur de Schomberg Monsieur le marquis de Ragny qui en sortoit ; je lui parlai de l'affaire, & m'ayant fait la même réponse qu'il avoit faite à Monsieur de Schomberg ; je lui dis : " Monsieur, je suis bien „ malheureux d'avoir été celui qui ait parlé „ au Roy pour vous accorder ces commis- „ sions, dans la créance que Madame la mar- „ quise de Seneçay le desiroit, & de voir que „ vous voulez aujourd'hui les retenir contre „ son gré. Surquoi tout ce que je vous puis „ dire, est que je pense avoir autant d'amis „ qu'homme de France, & que je les renon- „ cerai tous pour amis, s'ils ne deviennent „ vos ennemis. Quoi, me répondit le mar- „ quis de Ragny, vous intéressez-vous jusqu'à „ ce point dans cette affaire ? Oüi, Monsieur, „ lui repartis-je, parce que Monsieur le mar- „ quis

„ quis de Seneçay étoit un homme d'un mérite extraordinaire, & mon intime ami. Puisque cela est, me répondit-il, & que je ne veux nullement vous avoir pour ennemi, je rapporterai dès aujourd'hui mes commissions à Madame de Seneçay „. Et il le fit.

Cette affaire achevée, il en restoit une autre, qui étoit la pension de deux mille écus qu'avoit Monsieur de Seneçay. Je priai Monsieur le maréchal de Bassompierre de supplier le Roy de la conserver à Messieurs ses enfans. Il lui en parla, & Sa Majesté lui répondit : *Qu'elle ne le pouvoit à cause de la consequence.* Ainsi ne voyant plus rien qui dût m'arrêter à Lyon pour les affaires de Madame de Seneçay, où elles m'avoient seules retenuës neuf jours, quoique après un voyage de dix mois j'eusse eu la permission de retourner à Paris voir ma famille, j'allai prendre congé du Roi, & lui dis : « Sire, Vôtre Majesté me permettra-t-elle de lui demander d'où vient qu'elle a refusé à M. le maréchal de Bassompierre de conserver aux enfans de M. le marquis

 „ de

„ de Seneçay la pension qu'elle lui donnoit?
„ *C'est*, me dit le Roy, *à cause de la consé-*
„ *quence.* Plût a Dieu, Sire, lui repartis-je,
„ qu'il y eût de la conséquence, Votre Ma-
„ jesté seroit heureuse ; puisqu'elle auroit beau-
„ coup d'hommes du mérite de Monsieur de
„ Seneçay ; mais le mal est, Sire, qu'il n'y en
„ a guéres „. Le Roy sourit, & comme c'étoit chez la Reine sa mere, que je lui parlois, & qu'elle entendit ce que je lui dis de la porte de son cabinet élevé de trois ou quatre degrès, où elle étoit venuë au-devant de lui, & dans lequel il alloit tenir conseil, elle sourit aussi. Je me retirai, & étant prêt de prendre congé, j'allai quelques heures après prendre congé de Monsieur le Garde des Sceaux de Caumartin, parce qu'il me témoignoit beaucoup d'amitié ; & ne fus pas moins aise, que surpris de ce qu'il me dit : " Vous avez plaisam-
„ ment fait accorder deux mille écus de pen-
„ sion aux enfans de M. le marquis de Sene-
„ çay. Comment, Monsieur, lui répondis-je ?
„ Parce, me répondit-il, que le Roy & la
„ Reine

„ Reine ſont tous deux entrés dans le Con-
„ ſeil en riant de ce que vous aviez dit au
„ Roy ; & Sa Majeſté a dit enſuite, qu'il n'y
„ avoit pas moyen de refuſer cette penſion à
„ une réponſe telle que celle que vous lui aviez
„ faite ſur la difficulté qu'il y trouvoit, *à cauſe*
„ *de la conſéquence* „. Cette ſeconde affaire de Madame de Seneçay s'étant terminée de la ſorte, je partis, & jamais amitié ne parut plus grande, que celle qu'elle m'a témoignée enſuite durant pluſieurs années : mais le fantôme du Janſeniſme l'a depuis tellement effrayée, & a ſi fort effacé de ſon eſprit & de ſon cœur le ſouvenir & le reſſentiment de tout le paſſé, que je crois qu'à peine peut-elle m'entendre nommer. Surquoi je laiſſe à juger à ceux qui liront ceci, ſi elle a raiſon ; & je doute qu'elle en voulût prendre pour juges Monſieur & Madame la ducheſſe de Liancourt, qui n'ignorent rien de ce que je viens de rapporter ; quoique leur vertu ſoit ſi connuë de tout le monde, qu'il ne lui ſeroit pas avantageux de les recuſer.

Durant ce séjour du Roy à Lyon, Monsieur le cardinal de Savoye vint trouver Sa Majesté. Monsieur l'évêque de Genève, depuis canonisé sous le nom de Saint François de Sales, l'y accompagna. Et le jour de Noël Madame la marquise de Senecay & moi étant allé à l'Eglise, il se rencontra que c'étoit lui qui disoit la Messe. Comme ce grand Evêque étoit intime ami de mon pere, qu'il n'aimoit après la mere de Chantal nulle autre religieuse plus que la mere Angélique ma sœur, & qu'il m'affectionnoit très-particuliérement, l'ayant fort connu en d'autres voyages qu'il avoit faits en France, jamais rencontre ne me fut plus agréable que celle-là. Il nous communia Madame de Senecay & moi, comme les autres, & j'allai après la Messe dans la Sacristie pour le voir. Il n'est pas croyable avec quelle joye il me reçut, & il me dit en m'embrassant ces propres paroles : " Ah, mon fils, je vous ai " reconnu *in fractione panis* ". Il ne vécut depuis que trois jours, étant mort, comme chacun sçait, le 28. Décembre.

Avant

Avant d'aller à Paris, j'allai à Fontainebleau voir Madame Zamet, que je n'avois avant jamais vûë, non plus que Madame de Senecay; & comme elle n'ignoroit pas l'extrême amitié que monsieur son mari avoit euë pour moi, je n'ai jamais rien vû de plus pitoyable que l'excès de la douleur qu'elle témoigna à mon arrivée.

Fin de la premiere Partie.

www.ingramcontent.com/pod-product-compliance
Ingram Content Group UK Ltd.
Pitfield, Milton Keynes, MK11 3LW, UK
UKHW021142260726
13994UKWH00001B/253